JN315778

# 博多ことば

江頭　光

海鳥社

カバー・本文装画＝入江千春

# はじめに

明治のころ、博多芸者衆が座敷で歌い、気分を盛り上げたという端唄《はうた》「わしが国さ」の替歌に、こんな歌詞があります。

博多ことばでおかしかもんな
一にあととに、二にんだまあ、どうじゃろかい
とんとん、しゃんしゃん
あんちゃん、あねざん
れっぱにしらいて、どこい行きよんなざるとな
かろの、かろのうろん屋のかろい、わくろうが三匹ふくろううろったげな
ふてえがってえな、どうじゃろかい
あんたくさ、このごろ、なし来なざれんとな
ほかになかばい
これはにらんらん、まあ、よかった。

また、博多ことばの特徴をとらえた次のような語句もあります。

「かたろい（町名・片土居）のビーロロ屋のビーロロろっくりは、ろうしたれっぱなもんや」

初めて接される方々にはまるで外国語のような感じ、そして近年では地元の若い世代にとっても博多ことばは縁遠くなっていくようです。

博多は噛めば噛むほど味が出るスルメのように、その歴史、祭りなど強いれば知るほど、この町に住む楽しさと愛着がわいてくるといわれます。博多ことばも、その一つでしょう。共通語に比べ、方言には、より色濃く町の足取り、人々の気質、暮らしぶりがこめられているからです。

本書を通じ、そうした言葉の森や細道の散歩コースが終わること、前出の歌詞や語句も次々と理解され、「博多のこころ」にふれられることを願いつつ、それでも念のため「あとがき」に通釈を付記しておきます。

それでは、さあ、出発致しましょう。

江頭　光

# 博多ことば◉目次

## か行

## さ行

## た行

## な行

## は行



## ま行

【凡例】

＊すべて五十音順に配列しています。

＊原則として、見出し語、用例、語意、語源の順に書いていますが、一部例外もあります。

＊関連・参照語を矢印（⬇）で表示しました。

# あ行

## 《あ》

**あい**　アユ

語音が「愛」に通ずるので、語呂《ごろ》合わせで笑わせる郷土芸能・博多にわかにもってこい。「ドジョウ（同情）がアイ（愛）に変わりコイ（恋）になった」などと使われる。五十音ヤ行のユとイの通音転だが、同行に限らずこうした音転は方言に多く、このあと語源探しの強いヒントとなる。

なお、アユという呼び名は、秋になると川上から下流に落ちてくる特性をとらえ、古語「あゆ」（落ちる）によるとされる。

**あいた**　しまった

もともと怪我《けが》や虫に刺されたとき発する「あ、痛っ」から出た言葉だが、「あいた、傘ば（を）忘れた」、「あいた、道ば間違えた」など多用される。相手の苦労話や失敗談に「あいた、あいた」と相づちを打つのも慰めになる。

**あいなか**　あいだ、中間

大正十一年、正調博多節の歌詞募集に応募作二万点のうち、一等入賞作は「日の出宝満、夕陽は愛宕《あたご》、間《あい》の博多は宵知らず」。古語「あひ」だけで充分それを意味するが、念入りに「あいなか」と重ねて言うのも博多気質にふさわしい。

**あおなき**　あお向け

「気分の悪かなら、あおなきい（に）なっときない」。古語「あふのき」から。動詞は「あおのく」。

**あおすたんぼうぶら**　顔色の悪い人

語源は「青い」からか、それともシブガキを加工しシブを抜く「あおす」からか。ぼうぶら（⬇）はカボチャ。

**あがしこ**　あれほど、あれだけ

「たった、あがしこでよかとね」、「よかくさ、あがしこやっときゃ大丈夫」。表の軒下に植えた草花の肥料をめぐる親子の会話。博多の町家《まちや》は郊外の住宅街に比べ空き地が少ないが、それを上手に使って季節ごとチューリップ、アサガオなどを植え、自他ともに楽しむ。

ほかに「こがしこ」、「そがしこ」、「どがしこ」と言う。それぞれ近称、中称、疑問詞である。⬇しこ

**あかる**　空が晴れる

「この雨、いつあかるとかいな」、「西の空の（が）明るかけん、もうすぐあかろうや」。これが平安時代の才女・清少納言『枕草子』に見え、「春はあけぼの（略）山ぎは少しあかりて」。古語「あかる」は明る

くなること。つまり「晴れる」に通じる。

**あかてのごい**　赤てぬぐい

博多祇園山笠の台は重さ一トン。それを二十八人が舁《か》き（➡かく）、数百人の後押し、伴走で突進する。途中、走りながら次々と交代する。その中心要員が赤い手ぬぐいをねじり鉢巻きに締めた若者たち。

**あくせいうつ**　手を焼く、ほとほと困る

「あくせい」は「悪相《あくそう》」（不吉なきざし、恐ろしい顔つき）のなまりか。困り果てると、みんなそんな顔になる。「打つ」は「する、行う」を言う。

**あげな**　あのような

植物園で美しく珍しい花を見た帰り道、「あげな花、初めて見た」、「素人の庭に、あげな花は無理ばい」。古語で「あ」は「あれ」と遠くの事物を指し、「げな」は「のような」を表す。

**あけなんこ**　あけ広げ、隠しだてなし

母と娘の会話に「なんで好いとうとか（好きなのか）、あけなんこに言いないや」、「あっち（あの人）は、あけなんこにあるけん好いとうと」などと用いられる。

**あげん**　あのように

先の二人連れ、植物園職員たちの栽培ぶりも見た。「あげん苦労の要るとばいね」。「げん」は「げに」（ように、らしい）の転化だろう。博多ことばには、古語そのものや共通語がピンピン跳ねる撥音便《はつおんびん》が多いのも特徴の一つ。これも語源探しに役立つ。

**あご**　トビウオ

胸びれを翼のように海面を飛ぶので、異名をツバメウオ、トンボウオとも。「あご」は飛ぶ姿でなく、これも博多ことばで「ひーご」（干物）にした姿から。博多っ子自慢の正月雑煮は、すまし汁のだしに焼きアゴ、シイタケ、カツオ節、コンブ（ほら、ここにもコブの撥音便）が欠かせない。

**あごとう**（「**あごたん**」とも）

「あごとう（あごたん）のきく」は話し上手を褒めるのでなく、口先だけ達者な者、おしゃべりな者への悪口だからご用心のこと。

**あじもこうけもなか**　何の味わいもない

語源は「味も香気（香り）もない」。その発生源と見られる食材、料理に限らず人柄や会合、講演会、展覧会などにも「あじもこうけもなかったばい」などと使われる。

**あすこ**　あそこ

これも五十音サ行のソがスに入れ代わった形である。音転は同行に限らず、このあと多く出てくる。

**あずのきれん**　ふっ切れない、決まりがつかない

別れた人、手放した事業などに「それがまーだ、あずのきれんとたい」。古語「あず」は崖《がけ》や岸の崩れた場所。そこらに立つ深刻微妙な心境を表す。

**あすぶ**　遊ぶ

子供たちの鬼ごっこ、かくれんぼなど路地から消えた昨今だが、そうした「あすびごと」のことを「あすびごう」。仕事を終え、「今夜はパッとあすぼうえ（や）」と言えば、大人たちが、たちまち元気を回復する。

**あせる**　かきまぜる

強調するときは「あせくる」、さらに「あせくり回す」、「あせくり返す」とも。買うつもりもなく商品をあせくる冷やかし客は、売り手に嫌われる。また、他人の身辺をほじり出すことにも言う。語源は「漁《あさ》る」（探し出す）から。ちなみに貝のアサリの名も、砂浜であさることからである。

**あたき**　私

「わたし」のなまりで、男女とももっとも一般的な一人称。「あたきんのう」、「あたきんがい」は、いずれも「私の方へ」で、自分のいる家を言う。

**あたりもん**　くじ引

景品が当たるから「当たり物《もん》」。この「もん」という簡単明快な言い方も博多っ子好みで、このあと次々と現れる。

**あったられんこと**　とんでもないこと

「あってあられない」（途方もなく意外なこと）の約転であろう。「そげな（そんな）あったられんこと書くと恥かくばい」という声を承知で、そう推量する。

**あっちゃらこっちゃら**　あっちこっち、反対向き

「やら」を「ちゃら」と詰めたところが博多式でユーモラス。

**あっぱらぱん**　あけっぱなし

「あの人、あっぱらぱんとしとるけん、付き合い易か」など。語源は古語「あばら」（すき間が多い、戸締まりがなく開け放し）から。共通語に「あばら家」、「あばら骨」がある。

昭和初期、家庭女性はすべて和服姿のころ、夏向きに出現した木綿ワンピースのホームドレスを「簡単服」、また「あっぱっぱ」と呼んだ。後者は大阪生まれのスラングというが、「あっぱらぱん」は語音、語義ともこれと関連がありそう。簡単服を博多では「ひっかけもん」。隣近所への外出には、これをちょっとひっかけた姿のまますませたからで、さっそく「物《もん》」の用例が出てきた。

**あっぱらひょんと**　突然、急に

前記「あっぱらぱん」と同じく「あばら」に開放的なところへ「突然、急に」ということから。

**あてこする**　当てつける

共通語「付ける」に比べ「こする」と念が入る。

**あてっぽす**　当てずっぽう

これも性急な博多気質で共通語が短縮された。

**あとさん**　夫に先立たれた女性

正確には武士たちの福岡ことば。明治三十六年、福岡市がまとめた『方言調査書』には、「後家《ごけ》より品がよく、廃するには惜し」とある。その後、時代と共に「メリー・ウィドウ」という流行語も生まれ、現今は「ミズ」の時代。

**あとと**　すみません、これは恐縮

例えば訪問先で履物をそろえてもらったとき、おならをもらしたときなど、とっさに口にする。語源は「あっ、とっとっと」からともされるが、やはり「あな尊し」からとする説を取りたい。幼いころ「あとさん」と言うよう、しつけられたと語る年配女性もいて、これこそ消えさせるには惜しい。

**あねざん、あねしゃん**　お姉さん

「うちのあねざんが」など身内を呼ぶのにも使われるが、「あねしゃん」のほうは消滅語に近い。継承する方々のご長寿を祈ってやまない。

**あぱんと**　ぽかんと

驚きあきれ、ぼんやりとなる擬態語。「せっかく咲いた花が枯れて、あぱんとなっとりました」、「あぱーんとしとらんな、水ば（を）やりないや」。出張していたご主人を迎え、ある夫婦の会話。

**アブッテカモ**　スズメダイ

スズメダイ科の海水魚で体長十余センチ、丸い目と体色がスズメを連想させ、その名がついた。沖縄県沖から稚魚が北上、五月ごろ成長し、長崎でボタツ、対馬でカジキリ。沖の漁船上で塩づけにされ、博多に運ばれるとアブッテカモ。火にあぶって骨ごと噛《か》もうという愉快な命名の博多名物。戦前までは鮮魚店でなく八百屋さんで樽《たる》詰めで売られ、これが弁当箱のおかずだと、子供たちは隣の子の卵焼き、かまぼこを横目にべそをかいた。

昭和三十年ごろ、「もっとうまいものはないのか」という来福客の声に、さる高級料亭の女将がこれを出し、美食に飽きた遠来客に激賞され、いらい名物料理にジャンプした。アブッテカモは、その脂で皿を汚すまいとする博多ごりょんさんの才覚で、柿の若葉に載せるしきたり。その色彩感覚も効果満点だったのだろう。今ではメニューを見てカモ料理かと注文し驚く観光客もあれば、得意げに「カモの味がするから」と解説する一流店主もいる。

**あぶらむし**　力不足の定員外

兄ちゃんたちの点取り遊びに加わり、ちょろちょろする幼い子を呼ぶ。子供たちの路地遊びも減ったが、大人世界でも仕事や飲み代など、周囲にもたれきりだとそう呼ばれる。アブラムシはゴキブリの異称。

**あぽ**　糞《ふん》

うら若い女性ライターからの近況通知に「アポが取れず困り果てることも」とあって一瞬ドキリとしたが、ああ、アポイント（会合や人との会う約束）のことかと気付き、自分の早合点に苦笑したことがある。江戸後期、庶民の中に生きた傑僧として、越後（新潟県）の良寛さんと並び称される仙厓《せんがい》さん（博多区御供所町・聖福寺住職のあと幻住庵に自適）に「山路きて何かしたいぞあぽしたい」の句と、その戯画がある。

**あぽちか**　汚い、汚れている

本来は幼児語とされるが、「なんな、あぽちか服ば（を）着て」など、けっこう大人たちにも使われる。「あぽ」の語源は幼児語からとする説がある。むしろその逆ではないかとも思われるのだが、その由来は不詳。

**あやくろしか**　あやふや、あぶなげ

「今度の旅行、世話役さんのあやくろしかごと（ように）あるねえ」、「あたきもあやくろしか。仲よう

行ってきます」。古語「あや」は「条理、筋道」を言い、『古今和歌集』の一首にも「春の夜の闇《やみ》はあやなし（区別がつかない）」とある。同じく「くらし」は「欠点がある、不足だ」。これが「あやくろしか」の語源か。それともあっさり「あやし」（疑わしい、不審だ）を補強し「くらし」を加えたものか。

**あゆる**　（花や果実が）落ちる
ずばり古語に「あゆ＝落ちる」がある。「あゆる実は玉に貫《ね》きつつ手に巻きて」（『万葉集』）。

**あらけなか**　荒っぽい、大ざっぱ
「仕事は速かったばってん、ちーっとあらけなかったね」、「荒けのう言わんでっちゃ（でも）よかろうが」などと。古語「あらけなし」（荒々しい）から。『源氏盛衰記』にも「あらけなき武士《もののふ》に具せられ（従われ）」とある。

**ありなんこ**　ありのまま
「一人で悩まんな、ありなんこに訳ば言うてみない」、「ありなんこの話やけん、人には言うなよ」など。「ありなり」（あるがまま）からである。

**ある**　いる・おるの丁寧語
「どこい（へ）行ってあったと？」。どうかして「してあった」を早めて言うと、東京弁「しちゃった」に聞こえる。

**あんこきだす**　正味をさらけ出す
「あいつがとうとう、あんこきだい（だし）たばい」。まんじゅう、餅《もち》などの餡《あん》が、何かのはずみ、はみ出すのにたとえて言う。「こき、こく」は強調語。共通語「襤褸《ぼろ》（着古して破れた着物）を出す」に比べ、

直截《ちょくせつ》で博多的だ。➡こく

**あんちゃん**　兄貴
他家の兄には「あんじょう」と敬称で呼ぶ。

**あんばい**　料理の味かげん、物事の運びぐあい、調子
「あんばいよう煮えとる」、「仕事は、どげなあんばいな」。本来は調理に用いる塩、梅酢の「塩梅」から生まれた言葉だが、これがさまざまな場合に使われる。その意味で博多ことばに加えておく。

## 《い》

**い**　方向目的指示。〜へ、〜に
例えば共通語で「あっちへ」、「あっちに」が「あっちい」となる。博多どんたくのテーマソング「玉屋（江戸の有名花火店、ここでは花火）がかわい、スッポンポン」は「川い」（川へ）と「可愛《かわい》い」を掛けた傑作と言えよう。
この他にも古語「咲きて」、「聞きて」が「咲いて」、「聞いて」となったように、国語学で言うイ音便が多用され、「移して」が「移いて」、「隠して」が「隠いて」、「出して」が「出いて」、それだけでなく「遠慮なしに」が「遠慮なしい」、「好いとるとに」が「好いとうとい」と「に」が「い」になるなど、さまざま。これらの用例は、このあとも次々い紹介していく。

**いいたかいいのこきたかこき**　言いたい放題

遠慮抜きの会合、飲みごとなどが「今日は言いたか言いの、こきたかこきでいこう」で始まれば無礼講となる。「こく」は「言う」の荒っぽい表現。それを無遠慮に重ねてみせた慣用語である。➡こく

**いお**　魚
「うお」の通音転だが、なかでも鮮魚は「ぶえん」、「なまのくさけ」。塩をしてないから「無塩《ぶえん》」、なまなましいにおいがするので「生の臭け」とも呼ぶ。博多は魚が安くてうまい。人々はみんな鮮魚を選ぶ目が肥え、大ダイ、ブリを出刃包丁一本、ベランダや浴室で上手にさばく人も珍しくない。

**いが**　とげ
もともと「いが」はクリなどの実を包むとげの密生した外皮を表すが、「あいた、いがの刺さった」など、とげの一本にも言う。ことわざに「はやりもん（流行品）ならクリのいがでっちゃ（でも）尻い挟む」というのがある。

**いがいまし**　姉さま女房
語源は「飯匙《いいがい》（しゃもじ）増し」で、しゃもじは古くから主婦権の象徴。東北地方では姑《しゅうとめ》から嫁へ「飯匙送り」の伝統行事があるという。それが「増し」というからには家計もきりきりしゃんと、ことわざに「いがいましは金《かね》のわらじで探せ」。ただし現代では、愛し合う二人に年齢差なんか関係なーい。

**いがく**　ゆがく
野菜などのあくを取るため熱湯に浸すこと。「いがきあげる」は少し物騒《ぶっそう》になり、人を責め立て、さいなむことを言う。

**いがむ**　ゆがむ

またもや五十音ユ↓イの転化が、期せずして並んだ。どうも博多っ子は「い」への転化が好みのようである。

**いぎす**　縮れ髪

古くから「みどりの黒髪」は日本女性の生命《いのち》とされた。この「みどり」は緑でなく「みどりご」（赤ちゃん）、「松のみどり」（若葉）のように若々しく力あふれるさまを言った。だから「いぎす」は周囲から特殊な目で見られた時代もあった。昭和初め、ちりちり髪のアメリカ漫画の主人公ベティ・プープちゃんに続き、パーマネントがもたらされ大流行、ただいまでは男性にも「茶髪」がはやる。語源は海草イギス科に属するそれらの縮れた様子から。そういえば博多名物おきゅうと（➡）の原料はイギス科紅藻類《べにもくるい》に属し、茶色く薄赤っぽい。言葉を取り巻く時代環境も変わっていく。

**いくる**　埋める

「いけ花にしたアイリスは地《じ》（地面）い、いくるとばい」などと使う。この宿根草、ただ庭すみに投げ捨てられていたのが活着し、翌春、元気に紫の花を咲かせたのに驚いたことがある。古語「いく」（生く、活く）は、生きるようにする、生かすこと。花や枝の本質をさらに表現するため瓶などに挿《さ》す「生け花」、「活け花」は、そこからそう呼ばれ、同じ目的で土の中に埋めることも「埋《い》く」と言った。便利な暖房機が出現する前、おふくろさんは「火鉢、こたつの炭火は灰にいくるとばい。火を出したら、おおごとばい」と念を押した。

**いけろうろう**　博多独特の箱庭

お盆を前に、横町の「一銭菓子屋」で、博多人形師たちが暇々にちょいちょいと作る「ひねり人形」が売り出された。子供たちは木箱に土を盛り、それらを配して「忠臣蔵」や日露戦争名場面をしつらえ、門口に飾った。ご先祖さまの魂《たま》迎え行事で「生け灯籠《どうろう》」が語源。戦後は絶えていたが、近年、復活の動きがあり喜ばしい。

**いごく**　動く

昭和三年、東京上野の博覧会に初めてマネキンガール（ファッションモデル）が登場、人形の横に座らせ大人気を呼ぶ。翌年にはマネキン倶楽部《くらぶ》が発足、さっそく博多のデパートでも招き寄せ、社長邸を宿舎に絹布団を新調してもてなした。彼女らがトップモードの和服姿で売り場を歩くと、博多っ子たち、「わあ、お人形さんのいごくばい」、「ばか言いなんな、目ん玉のいごきよろうが」と眺め入ったという。昔も今もデパートは服飾文化情報の発信を競い合う。

**いさぎよう**　ものすごく、とても

「あなた、いさぎよう国際情勢に詳しかなあ」など。「いさぎよし」（①すがすがしい、②潔白、③悪びれない、④立派である）のうち、④が博多ことば化した。嫌な事柄には使われない。

**いさぶる**　揺すぶる

「柿の実は、いさぶったっちゃ、あえて（落ちて）こんばい」などと使われる。➡あゆる

**いしひく**　猫ばば、ちょろまかす

「あの店の倒産したとは（のは）、番頭がいしひいて横流ししよったげな」。語源は「石引く」で、積み重ねた石をこっそり少しずつくすねるというのも面白いが、古語「委《い》す」（ゆだねる、まかせる）からと考え、任せられたのをいいことに勝手なことをすると見るのはどうだろうか。

**いたらんこと**　つまらない、余計なこと
「いたらんこと言うけん、まとまる話もパーになった」など、さし出がましい言動に言う。古語「いたる」（思いおよぶ、この上ないようになる）の否定形。

**いっしょんたくり**　一緒くた
「がめ煮は上品ぶらんな、いっしょんたくりに煮るとがよか」。「たくり」の語源は万葉歌「青草を髪にたくらむ妹《いも》（束ねている恋人）」の「たくる」を受け継ぐ。⬇がめに

**いっち**　いちばん
「そんなら、いっちょ、やってみるか」。漢字で「一丁」と当てられ、勝負ごと一回を表す「いっちょう」の約転。「丁」は市街区分に「一丁目、二丁目」などと使われるが、また米相場の呼び値単位のスラングにも使われた。だから「いっちょう」↓「いっちょ」には「のるか、そるか」の語感がある。なお、古くは豆腐を数える単位だったとも言い、サラリーマンが昼食に好むソバ、てんどんなどの「一丁」も、ここからきた。

**いっちょん**　ちっとも
「いっちょも」の撥音便で、語意が強まる。「あの人、いっちょん趣味のようなかけん（よくないから）、いっちょん好かん」などと。こちらの語源も数字「一」による「ひとつも」からである。

**いっぽんいれる**　博多式手締め
「めでたく無事終了」、「後日、異議なし」のしるし。一座で衆望のある者が音頭を取り、「いよう、シャン、シャン、ま（もう）一つしょ、シャン、シャン、シャン、よーと三度、シャン、シャン、シャン、シャン」。「よーと」

は「よく念入りに」または「祝うて」の転化とする二説がある。一本入れたあと、その席での決議を破るのは極めて難しいとされる。

**いなう**　担う

「終戦直後は重たか芋やらカボチャやら、いのうて帰ってきてくれたなあ」、「満員列車に揺られてなあ。あのころのおっかさんな（は）神さまばい」。戦中派たちの感懐である。

**いぼしこぼし**　でこぼこ

ある博多っ子が町内の悪路補修の陳情に「ひと雨降ったら、いぼった上い、乾いたらいぼしこぼし。回転焼き（太鼓まんじゅう）の鉄板のごとなります」。担当職員も苦笑い、さっそく実施されたという実話がある。「いぼ」と「こぶ」が語源とする愉快な説もある。「いぼし」は、いぼってへこむ、「こぼし」は握りこぶしのように堅く盛り上がるというのだろう。

**いぼる**　ぬかるむ、めりこむ

「い」は主として動詞の語調を整える接頭語で、『古事記』に「い行く」、「い這《ば》ふ」、万葉歌に「い向かふ」の用例がある。「いぼる」は「い掘る」の濁音転とされる。

**いみる**　物量が増える

貯金や白髪、蔵書、体重、また潮が満ちるのも「いみる」。実りの秋、垣根越しに「球根のいみりすぎたけん、よかったらもろうてよ」など。「い」は接頭語、「群《む》る」は一つに集まること。万葉歌に「思ふどち（思い合う者同士）いむれてあればうれしくもある」とあり、「い群る」が語源かなどと推測していた。だが、そのあと明治三十六年、早くも福岡市方言調査委員会では「ゐめりより転ぜしこと疑いなし」と断じているのを知り感服した。
古語「笑む《え》」は「笑う」のほか、ちょうど人が笑うように木の実が熟して割れるさまを表す。昔むかしの人々がクリ、ザクロなどがぎっしり実を詰めるさまを観察し、この言葉となった。

**いやしぼう**　いやしんぼう
共通語から「ん」が抜けた。こちらが古い言い方だろう。

**いよーたあ**　祝うたあ
博多どんたくのあいさつ言葉で、伝統あるご本家格・博多松ばやし行列、余興隊ほか関係者は「いよーた、いよーたあ」と声を交わす。遠く室町期に始まる年賀行事以来のしきたりだが、ときどき聞き違えて「酔うた、酔うたあ」と書いてしまった印刷物も見受けられる。
ありなんこに白状すれば、私も「トロッコ」のころ「酔うたあ」と書き、「デスク」から大目玉を食らった。横道にそれるが、「トロッコ」はまだ一人前の記者（汽車）でないという意。「デスク」は机にへばり付いて統轄する副部長の俗語である。

**いくれる**　ごまかす
「むこうは釣り銭やら為替レートやら、いれくる店のあるけん、用心しないや」などと使う。「いれくる」は「入れ繰る」で、「繰る」は長い物を巻き取る、物を順に送りやること。その途中でソッと巧みに懐に入れるというのである。

**いん**　犬
「いやしぼう」では「ん」が抜けたが、全般的にみれば、ピンピン跳ねる撥音便は多く出てくる。威勢のいい博多気質が生んだ特徴の一つである。幼児語で小犬を「いんこうこう」と言うのは「犬、こいこい」のなまり。早春を告げるネコヤナギの芽も、そう呼ばれる。はて、犬と猫は仲が悪いはずだが、ともに銀白色に膨らんだ姿からである。

**いんま**　いまに、そのうち

「帳簿やらいれくりよったら、いんま、おおごとするばい」など、期せずして撥音好みの例が並んだ。

**いんにゃ、いんね**　いいえ

「いんにゃ、知らんばい」、「いんね、行きますもんな」などと使う。これまた博多好みの撥音便である。

## 《う》

**うすぶろう**　寒さに小刻みにふるえる

「ほら、早う何か一枚着やいや。さっきから、うすぶろうとろうが」。「薄くふるえる」の約転に違いない。風邪引きは万病のもと。ご用心を——。

**うだく**　抱く

古語そのもので、『万葉集』の一首にも「児《こ》の泣くごとに（略）負いみ（背負ってみたり）うだきみ」。時代につれ「うだく」→「いだく」→共通語「だく」と品よくなった。

**うち**　私

女性に限らず、男性も自称する。

**うちばたかり**　内弁慶

家族や限られた仲間の「うち」だけで「はだかる」（手足を広げ威張って立つ）者のこと。ことわざに「内ばたかりの外すぼり」と軽蔑される。

**うっかかる**　寄りかかる

宴会の座席決めなどで「うちは壁にうっかかるけん、ここがよか」などと。この機会に述べると、「うっ」は動詞に付け確認・強調する接頭語で、古語に「うち出づ《い》」、「うち語らふ」、「夜、うち更けて」など。それが博多では「うっ叩く」、「うっ散らす」、「うっ払う」、「うっ掘《ぼ》がす」、「うっ広ぐる」など、やたらに多い。博多気質は威勢がいい。

**うっつかっつ**　どっこいどっこい、力の均等

「よう知りもせんな、うっつかっつのくせい（に）」。偉そうに、なまはんかなことにも使われる。

**うっつりがっつり**　移りかわり、次々と

今日はうっつりがっつりお客さんのあって、うれしかやら骨の折るるやら……」などと使う。共通語「移り」の促音便、それを博多式アレンジで。「がっつり」は「代わり」の転と見るより「かつがつ」（次々に）からかもしれない。

**うっぽんぽん**　からっぽ、空洞

「あのマンション、入居者ののうて（なくて）中はうっぽんぽんげな（だそうな）」、あるいは「もう灯油缶な（は）うっぽんぽん。早う注文しときない」など。からっぽの容器を叩《たた》くとき、その音からの擬声語。ユーモラスな語感が博多気質にふさわしい。

**うてあう**　相手になる、かかわり合う

「あげな者《もん》に気易う（気軽く）うてあいなんな」。そのルーツは「うち合う」（一緒になる、調和する）とされるが、ここで古語「饗《あ》ふ」（人をもてなす、供応する）からかと考えてみるのも言葉遊びの一興だろう。

**うどぐらか**　薄暗い

「うどぐらか所で本ば読みなんな。目の悪うなるばい」。「うど」は「うろ」（うつろ）の濁音化で、共通語に「うろ覚え」、「うろうろする」がある。

**うまみなか**　美味でない、まずい

「店の構えと値段な、よかったばってん」、「うん、うまみなかったね」。共通語「うまくない」の形容詞否定に比べ、直截に名詞「うまみ」を否定するところが博多気質にふさわしい。江戸時代、式亭三馬の滑《こっ》稽本《けいぼん》『諢話《おどけばなし》浮世風呂』で、大阪男があないな（あんな）もむないもんじゃない」と言う。よく似た「もむない」と「うまみなか」は、活発な両地の経済交流に伴う所産のようで味がある。

**うらめしか**　汚い、嫌な

物品が汚れたり腐ったりして汚いこと、また人柄が執念深い、ねじれているなどにも「あいつ、うらめしか」などと使う。古語「うら（恨、怨）めし」は「恨みに、残念に思われる」。その幅広い転用である。

**うんだごと**　とぼけて知らぬ顔

「なんな、さっきから、うんだごとして」。大切な会議で、いかにも無関心げな態度など、いささか「厚かましい」、「横着な」の意味も含まれる。古語「倦《う》む」（嫌になる、飽きる、くたびれ疲れる）さまが、

周囲の目にそう映る。

**うんてんばってん**　運まかせ天まかせ、一か八かで「うんてんばってん、やってみるか」などと使われる。「運・天・ばってん」の博多製とする説もあるが、古語辞典には「うってんばってん」(雲泥万里のなまり。はなはだしく隔たりのあること) として、引例に式亭三馬『浮世風呂』から「おらが若《わ》え時《け》代の行作《ぎょうさ》(ふるまい) とは、うってんばってんのちげへだあ」。さあ、こうなると語源探しも分かれ道、霧の中……。

**うんとうてんとう**　運を天にまかせる

「運と天と」で「なりゆきまかせ」、「のるかそるか」を言う。

**うんとこ**　たくさん

「旅行中の写真ば、うんとこ送ってつかさって (下さって)」などと使う。もともと「うん」は力をこめ気張るとき出す声。「うんとこ」は、それに「しこ」(分量) が付き「うんとしこ」が略されたものか。皆で力仕事をするとき、博多の掛け声は「うんとこ、どっしょい」、「やんちき、どっこい」だったという。明治十年、西南戦争に熊本前線へ送る弾薬、食糧の荷車を引く「ぷーちん」(軍夫鎮台の略) たちは、こう歌った。

博多、久留米は道十三里、やんちき、どっこい、砲台まで。

**うんにゃ**　いいや、否定語

# 《え》

**え**　強調語、～や、～よ

古語で「や」は種々の語に付いて相手に働きかけ、その気持ちを引き立てる。例えば『源氏物語・空蟬《うつせみ》』に「待ち給へや」、また下っては明治十年、西南戦争で官軍側の軍歌『抜刀隊の歌』に「進めや進め諸共《もろとも》に」。同様に「よ」は動詞の終止形に付き、自分の考えを相手に押し付ける気持ちを表す。これも『源氏物語・玉鬘《たまかずら》』に「もののはじめに、この御事《おんこと》よ」とある。

これらに対し、「え」は言葉の終わりに付いて、それまで述べた意を強める。江戸時代、遊女や町娘たちが使った。そんなことから明治初年、中央集権と近代化を急ぐ新政府が東京・山の手に住む中流知識層の用語に基づき、いわゆる「標準語」（近年では共通語と呼ぶ）を定めたとき、「え」は除外されたのだろう。それが博多では健在で、「早う行こうえ」、「これ買おうえ」などと使われる。

**えしれんこと**　あやしげな、とっぴょうしもないこと

「えしれんことば、言いなすな」、「えしれんこと、しなんなよ」などと使う。古語で「え」（得）は「よく、充分に」を表し、万葉歌にも「恋ふといふは、えも（よくも）名づけたり」。その下に打ち消し、または反語を伴うと不可能を意味して、『竹取物語』に「この玉たやすくは、え取らじ」などとある。つまり「えしれん」は「え知れぬ」で、関西の「よう言わんわ」と同類である。

**えずう**　たいそう、ずいぶん

「えずう歓迎してもろうて、すまんな」、「よかくさ。えずう久しぶりい来てもろうたけんね」などと使う。古語「えずい」（怖い、恐ろしい、ひどい）を語源に、共通語でも同じように「おそろしく」と使われる。

**えずか**　怖い、恐ろしい

秋祭りの化け物小屋で父親が子供に「えずか物《もん》が出るちゅうても、そげんえずがりなんな」。臆病者のことを「えずがり」。

**えどる**　絵を修正する、写して描く

古語「矯《た》む」は木や竹を伸ばしかがめて形を改めること。そこから物事を改め正すことも言う。「えどる」は「絵矯《えだ》む」の転か、それともすんなり語音どおり「絵取る」からだろうか。

**えべす**　えびす

商都博多では商売繁盛、福徳円満の守り神えべすさんへの信仰が根強い。祝い歌の一つにも「旦那大黒、ごりょんさんな（は）えべす、でけた（できた）子供が福の神」……。いや、めでたい。

**えんばり**　クモの巣

昭和初めまで、子供たちはネバネバするクモの巣を竹ざおの先に巻き付け、トンボやセミを捕って遊んだ。その「ねばり」が語源とされる。ほかに、クモが餌《え》を「食《は》む」ため張った巣だから「えばみ」→「えばり」からでは……などと楽しんでみた。

ついでに当時まであった消滅語に、トンボを「えんば」と呼んだ。奈良時代は「あきず」、平安時代には代わって「かげろふ」と「ゑむば」、江戸時代になると「とんぼう」。明治中期の記録によれば福岡県内各地で「えんば」、「えんぶ」、「へんぶ」、「へんぼう」など。こうした「ゑむば」系方言などは西九州、沖縄県特有の伝承とされ、研究者にとって古語温存の宝庫とも言われる。

## 《お》

**おいさん**　中年すぎからの男性

いささか敬愛の念をこめ、共通語「おじさん」に比べ響きがユーモラス。これが「おいさんぽっぽう」になると「とっちゃん坊や」のこと。「ぽっぽう」はハトなど鳥の幼児語である。

**おおきに**　ありがとう

「おおきに（多きに＝いろいろたくさん）ありがとう」の省略語で、関西以西で広く使われる。これだと日常生活でさらりと使い易く思われ、筆者いちばん好きな博多言葉である。

**おおけ**　物品の多さのほど、分量

「うわあ、この店の大盛りラーメン、食べおおけのあるう」、あるいは「バーゲンでしっかり（念入り、充分に）買いこみましたけん、使いおおけのありますばい」など。「おおけ」は「多け」で多さの気配、様子。上代語で多いことを「おほけく」と言い、『古事記』に「柃《いちさかき》（木の名）実のおほけくを」と出てくる。

**おおじょうする** 困り果てる
「部長から山のごと仕事ば言われ、おおじょうしとるたい」、「こっちも年度末決算で、おおじょうこいとる」（➡こく）。「往生」は、①人が亡くなって極楽浄土に再生する、②永眠する、③閉口、困却を言う。このうち③が各地に比べ多用されるので加えてみた。

**おおする** なしとげる
「そげん（そんなに）言うたっちゃ、しおおするもんな」、「あいた、洗濯物《もん》の乾きおおせんばい」などと。近松門左衛門の歌舞伎「博多小女郎波枕」に「しおおせにゃ筑前へは行かぬ」。古語がそのまま生きている。

**おおどうもん** 横着者
地元のことわざに「博多の者《もん》な横道者《おうどうもん》、青竹割って、へこ（ふんどし）にかく」。他人が悪口で言うのではなく自分から粋《いき》がっている。実際の発音は「おおろうもん」になって、ほほ笑ましい。柳川市出身の詩聖・北原白秋の一首に「青竹割りふぐり（きんたま）締めこむ不知火《しらぬい》の南筑紫のますらを我《われ》は」（歌集『雀の卵子』）がある。

**おおばんげな** 大ざっぱな
よく言えばおおようだが、率直に言えば、つかみどころがないこと。「おおばん」は「椀飯《おうばん》」で、椀《わん》に盛り客に勧める飯《めし》。平安期以降、盛大な招宴を言い、そこっから「おうばんぶるまい」（大盤は当て字）の言葉も生まれた。「あっちは、おおばんげなかもんね」、「ばってん、そこがよかとこたいね」などと使われる。

**おおまん**　いい加減

こせこせせず、ゆったり、それでいて大ざっぱな人柄に言う。どこか憎めず親密感がこもる。ひねって「おおまん太郎」、「大野万次郎」などとも。博多の者《もん》たちが「大野万ちゃんがね」などと話し合っているのに、外来者が「あのう、その大野さんにどうぞよろしく」。作り話ではない。語源は「おおまか」の転化である。

**おきあげ**　押し絵

羽子板の表のように、綿で膨らませた各部分を組み合わせ、めでたい図柄や物語り、芝居の名場面を作る。明治のころは娘たちが端布《はぎれ》を使い、髪毛は繻子《しゅす》の糸を毛抜きで抜いて作り、氏神に供えたり赤ちゃんの誕生祝いに贈ったりした。その下部に削った竹を付け、桃の節句にはダイコンに刺し、ひな壇の下に並べた。今も古い技法伝承者がご健在で、ユニークな「町の勲章」を博多町人文化連盟から「おおきに」と贈られた。博多は、そんな町である。技法は幕末期、江戸から伝わったという。

**おきゅうと**　海草で作る博多の名物食品

筑前から日本海沿岸にかけ採れるイギス科紅藻類の海草を原料に、トコロテン状に加工する。醤油、カツオ節をかけて食べ、博多っ子の朝食に欠かせない。小料理屋で酒の肴《さかな》、ホテルのメニューにも出る。昔、沖から訪れた人が製法を教えてくれたので「沖人《おきうど》」、飢饉に代用食として人を救ったから「救人《きゅうと》」など、語源もさまざま。荻原井泉水《せんせいすい》に「しぐれのころのおきゅうと泊めてもろうて」の句がある。

**おきゃがり**　だるま

転んでも、すぐ起き上がり縁起がいい。全国的に異名を「起き上がり小法師」。大みそか、厄八幡神社

（博多区駅前一）でこれを求め、新年に飾るしきたりが根強く続いている。

**おくらかす**　置き去りにする

「ほらほら、早う準備せにゃ、おくらかいて行くばい」、「お願い。おくらかさんな、つんのうて（連れて）行ってよ」など。念入りに「らかす」（させる）と強調するのも特徴の一つで、「なくす」→「のうならかす」、「間違える」→「間違らかす」、「だます」→「だまくらかす」、「崩す」→「崩らかす」、「破る」→「破らかす」、「散らす」→「散らかす」、「腐らせる」→「腐らかす」など多い。

**おごる**　叱る

「部長から、おごられてしもうた」と、しょんぼり帰宅したサラリーマン。他県育ちの新妻なら「部長さんにごちそうされたのに、なぜかしら」と思われかねまい。博多の「おごる」は「怒る」という自動詞を他動詞に転化して使われる。共通語「おごる」（金を出し人にふるまう）は、まだまだ浸透度が薄い。はっきりと「うちが払う」、「ごっつぉうする」と言う。

**おせ**　成人した男子

「お宅の息子さん、おせらしゅうなって」、あるいは「もう、おせらしゅうせな笑わるるばい」。古語「せ」（兄、夫、背）は、女性から夫、兄、弟らを親しんで呼んだ。

懐かしい歌がある。すべて、ひらがなの歌詞に漢字を入れて、「到らん国に、いさおしく、努めよわが兄《せ》、つつがなく」。原曲スコットランド民謡『久しき昔』、作詞者は記録なしの小学唱歌『蛍の光』。女性側から激励に贈る惜別譜だったことを知った。訳も分からず歌って卒業したが、「おせ」は「大兄《おおせ》」からである。

**おしおい**　お潮井、清めの真砂
家々の門口に、これを詰めた小さな竹かごが掛けてあれば「ここに博多っ子あり」のしるし。家の出がけには自分の体に、気分のふさぐとき、病気全快には部屋に、家の新築には敷地に、博多山笠舁《か》き山の出動には、もとよりまく。つまりは切り火や盛り塩と同じく清めのため。
真砂は春分、秋分に最も近い戊《つちのえ》の日、筥崎宮の社日祭に浜でいただく。塩よりもはるかに古い祖形として、この風習が残る博多湾岸一帯を古代の「奴《な》」の国と見る研究者もいる。西暦五七年、奴の国の王が後漢の光武帝からもらった「漢委奴国王《かんのわのなのこくおう》」と刻む金印（国宝）は、福岡市博物館の大目玉。福岡市街を貫流する那珂川《なかがわ》も「奴の川」からとされる。

**おしこみ**　おしいれ
共通語「押し入れ」に比べ「押し込み」のほうが、なにやかや詰め込む庶民感情があるようだ。

**おっせしこっせし**　押したり引いたり、ああしたりこうしたり。
「もう、おっせしこっせししたっちゃ、とてもだめばい」、その逆に「おっせしこっせし、とうとうやりおおせた」などと使われる。

**おっかさん**　母親
昭和初めまでの消滅語に「おっかしゃん」もあった。上品ぶらず、こちらを懐かしむ年配者も少なくない。この私も「おっかしゃん」と甘え慕って育った一人である。

**おとっつぁん**　父親
これも同様に「おとっちゃん」を消滅させるには惜しい気がする。

**おらぶ**　大声を出す、叫ぶ

「あんまり、おらびなすな、近所迷惑ですばい」、「ばってん、おらばにゃ詩吟の上達すまいが」などと。万葉歌に「天仰《あめ》ぎ叫びおらび」とある古語どおり。ただし古語にもう一つある「泣き叫ぶ」の意味には使われない。明るく陽気な博多気質が切り捨てたのだろう。

**おりょりょ**　おやおや、軽い驚き

**おろっ**　右に同じ

**おろよか**　あまりよくない、やや格が落ちる

例えば奥さんが孫への入学祝いを思案中、ご主人が「今度は中学に進むとばい。小学生のときのごと、おろよか物《もん》な喜ばんばい」。「おろ」は接頭語で「わずか、不確か」を表し、共通語「うろ覚え」、「うろうろ」の「うろ」に通ずる。本当によくない物には、ずばり「悪か」、「つあぁらん」と言う。

# か行

## 《か》

**かいかいと**　明るく

人柄から部屋の日当たりまで「かいかいとしとる」、「かいかーいとなからな（なければ）」などと使う。説明するまでもなく「快々と」からである。

**がえ**　住む家

「そっちん（あなたの）がえに比べたら、うちんがえやら恥ずかしゅうて」など。「が家《いえ》」の約転かとも考えてみたが、古語「がり」（もとに、その人のいる所に）からとされる。『伊勢物語』に「紀有常《きのありつね》がり行きたるに」と用例がある。筑後地方では「げ」と言う。

**かかさん**　女房、家内

少し回り道するが、その昔、敬意をこめ上流家庭の主婦、女主人公を「かた」と呼び、「奥方さま」、

「あの方、この方」の言葉が生まれ、この「かた」がなまって「かか」（嬶、嬶）となったという。けれども近世になると、「かかあ」は落語で長屋の熊さん、八っつぁんたちの言葉となった。
博多ことばでは、その「かか」に敬称が付き、昔ながらに自分の妻、または他家の主婦を親しんで呼ぶ。明治ごろまでは「かかざん」と濁ったらしい。博多にわかでは、今もそう言う。

**かがりつく**　しがみつく

「掛かる」（寄りかかる、頼る）から。

**かきぼう**　牡蠣《かき》

「かきぼう」の「ぼう」は「蜻蛉《とんぼ》」を「飛んぼう」、「赤子」を「赤んぼう」、博多では「いやしぼう」の類《たぐい》か。明治のころの博多、塩売りが「ぽう、塩っぽう」と市中をふれ歩いたという。あるいは「かきぼう」は同音異義語「かき」（柿）との混同を避けるため、ご先祖さまの知恵だったのかもしれない。

**かく**　舁《か》く、担ぐ

二人以上で物を肩で担ぐのを、古語でこう言った。現在では「駕籠《かご》かき」にその名残を見るくらいだが、これが伝統の博多山笠の「舁き山」、「山《やま》笠ば（を）かく」の名詞、動詞に生きている。共通語、当用漢字を重んじ、「カキ山」、「担ぐ」などとしたマスコミでも、近年は固有名詞、動詞と認め、こちらを使う。博多ことばの市民権獲得第一号である。

**かごむ**　しゃがむ

古語そのままに「かごうどく」、「かごみない」など。ほれ、江戸のわらべ歌に「かごめ、かごめ、籠《かご》の中の鳥は……」。子供たちが輪になり、立ったりしゃがんだり、最後にソッと自分の後ろに立った子の名を当て合う遊びに歌った。

**がじっぽう**　けちんぼう

けちな人が細かなことにまでガリガリ注文を付けることから「ガリ」が「がじ」になった、あるいは嫌悪感から毛虫のゲジゲジを連想したのが転化したのかなどとされる。また、質の劣る芋など噛むとガジッとする嫌な感じからのようでもある。どちらにせよ、ここにも擬態語の巧みさがのぞく。

**かすくる**　底までさらえる

古語に「かする」があり、底などをさらう、容器をからにすること。浮世草子『傾城禁短気《けいせいきんたんき》』に「夕《ゆうべ》に米唐櫃《こめがらと》（米がからっぽのおひつ）をかすり、朝《あした》に薪《たきぎ》たえて」と生活困窮のさまがある。戦中、戦後の物資窮乏期をくぐり抜けた世代には身につまされる思いがするが、豊かな現在、この言葉もそろそろ消滅に近い。第一、「おひつ」（櫃）も新世代には縁遠い言葉だろう。

**がた**　居宅

「先日、ああたんがたい、お邪魔したけん、今度はうちんがたに来ないや」。住んでいる所を言う古語「かた」の濁音転である。

**かたぎぬ**　博多松ばやしの礼装

「肩衣《かたぎぬ》」は室町期に武士が、江戸期になると町人層も着用した。裃《かみしも》に似ているが、それより肩幅が狭く、ひだがない。黒、紺、茶色などの木綿製、功労を積むリーダーには家紋入りが許される。「百聞は一見に如《し》かず」、博多どんたくパレードで、ご覧あれ。最先端を行く晴れ姿である。

**かたくま**　肩ぐるま

浮世草子『好色一代男』にも「傘さしかけて、かたくまにのせたる娘も」とある古語そのもの。江戸っ子得意のせりふに「隅田川で産湯《うぶゆ》つかって」、こちら博多っ子は「かたくまで、やや（赤ん坊）んときから山笠《やま》い出とう（出ている）とばい」。

**かたぐる**　担ぐ

重い物を肩、腕で担ぐこと。かたぎ手が一人のときも複数のときも言われる。

**かたこしぬぐ**　できる限り力を貸す

共通語に「肩入れする」、「本腰入れる」。それに比べ、肩も腰も「ぬぐ」。すっぱだかになって助力するというのだから、これは頼もしい。

**かたこと**　一方だけの言いぶん

「かたこと聞いたっちゃ（ても）判断でけんばい」。共通語「かたこと」（幼児、外国人の不充分な言葉）と同音異義だが、なんとなく話しぐあいで理解していただきたい。こうした例は方言の欠点とされるが、共通語にも「はし」（橋、箸）、「カキ」（牡蠣、柿）など、いくつか残され、真の「標準語」は今後の国民的課題とされている。

**かたる**　加わる

「グループにかててやらんね」、あるいは「買い物メモに、うちんと（私の物）も、かてといてよ」など。語源は古語「かたらふ」（話し合う、親しく交わる）ではとも考えたが、品物にも言うので、これではあるまい。そこで「かつ」（まぜ合わせる）からと見た。

七世紀、推古天皇のころ淡路島に大きな香木が漂着、人々はそれと知らず「薪《たきぎ》に交《か》てて竈《かまど》に焼《た》く」と

『日本書紀』にある。さぞ沈香が、かおり立ったことだろう。

**がちゃぽん**　反対、くい違い

「せっかくの話ががちゃぽん。往生しとるやね」。ものごとがくい合わず、壊れてだめになることを言い、共通語では「がちゃがちゃ」。博多っ子は、こうした擬態語が得意、それも深刻でなくどこかユーモラス。

**かつがつ**　次々と、片はしから

夏休み、母親は子供たちに何度か声をかける。「宿題はかつがつ、しまやかしとく（すませておく）とばい」。あるいは皆で、なべ料理を囲んで「さあ、遠慮なし。かつがつ入れて、かつがつ食べまっしょう」など。語源は古語「かつ（且）」（すぐに、そばから）である。

**がっしゃる**　～なさる

これは博多から那珂川を西に越えた福岡部の「がっしゃい言葉」。「こっちに来てがっしゃい」、「行きがっしゃる」など言った「ご座しある」の武家言葉からとされるが、現在では消滅語に近くなりつつある。

**がっつりあう**　物事が重なり、ぶつかり合う

「どうするかいな、旅行と結婚披露宴のがっつり合うて……」、「うちは息子と娘の大学、高校入試のがっつり合うて」などと使う。使い慣れると「ぶつかり合う」に比べ「がつん、ごつん」と突き当たる感じがよく出ているように思われてくる。そこらが方言の持つ魅力と強さだろう。

**かってこい**　借りてこい

「かる」を見よ。

**かってりごうし**　代わる代わる

「年寄りの暇つぶしですけん、会長やらおかんな、かってりごうし世話役ば務めよります」と、ある公民館で趣味の会の世話役さん。語源を探ると「かって」はわがまま勝手のほか、都合・便宜のよいことを言い、「交わす」には代わる代わる物事をするという語義がある。「かってりごうし」は「かって交わし」からと見られる。

**がっぱ**　カッパ

「かわわらべ」（河童）の転とされるカッパの伝説は全国各地にあって、呼び名も「川太郎」、「川の殿」、「いど（尻）ぬき」、「ひょうすんぼ」など、いろいろ。博多ことばでは「ガッパ」と濁る。福岡市内でその名所旧跡は、まず博多区住吉を流れ博多川に注ぐ鉢の底川。小さな木橋を渡るとき、途中でものを言うとガッパに引かれると言われ、みんな口をつぐんで駆け渡ったので「もの言わん橋」と言われた。戦後は暗渠《あんきょ》の舗装道路。いくら声高く歩いても、もちろんガッパは出てこない。

**がっぱり**　がっかり

「俺くさ、今度も月給の上がらんな、がっぱりたい」、「それより私、どっかい飛ばさるるごとあって、がっぱりしとります」、「まあ、よかたい、元気出そうえ」。一杯飲み屋でサラリーマン先輩後輩二人の会話。物がにわかに折れ、くじけ、衰えるさまを「がくり」と言い、そこから「がっかり」（失望、落胆）の共通語となった。博多の「がっぱり」は、その音転。これまた気分が出る。

**がと**　ほど、だけ

「これ、千円がと、ちょうだい」、「よかった、探し回ったがとあった」。「がと」は、それだけの分量や効果を言う。語源は古語「かつ」（それに耐える）からの濁音転である。

**がね**　カニ

五十音ナ行のニとネの通音転。おじいちゃんのおとぎ話は「猿とがねが、けんかしてくさ」で始まる。カニのカは殻のカ、ニは丹《に》（赤）からとされ、「がね」、「がに」は、その別称として辞典にある。青森、秋田地方でも「がね」と呼ぶという。

ひと休みして紹介すると、「民俗学の父」柳田国男に『方言周圏論』がある。新しく上品でしゃれた言葉は時代ごと大和《やまと》（現奈良県内）、京都、江戸、東京の首都から発信され、ちょうど池に小石を投げたように同心円の波紋を広げた。その新しい波にも、地域により使い慣れた言葉を守り受け継いだのが方言として残された。地理的な接近度には関係ない。博多っ子は進取性に富み、新しがり屋。「好きやすの飽きやす」とも言われるが、その半面では保守性が強い素顔がうかがえる。

**かぱん**　鞄《かばん》

濁音の半濁音店で、ほかにも「せんべい」を「せんぺい」。銘菓の老舗は今もその商品名を守る。看板を「かんぱん」、船の甲板も「かんぱん」と呼ぶ。東京勤務のころ、同僚が店員に「せんぺいは、ないの」とたずね、「おせんべなら目の前にあるのに」と、けげんがられた体験がある。

東京の「おせんべ」は米の粉、こちらの「せんぺい」は小麦粉の製品。浅草のレビュー劇場で売り子さんの「おせんに甘納豆《なっ》」の呼び名も懐かしいが、やっぱり「せんぺい」と呼んでいきたい気がする。

**かぶる**　失敗する、被害をこうむる

「やりかぶる」（やりそこなう）、「言いかぶる」（言いそこなう）、「まりかぶる」（寝小便など）、「たれかぶる」（下痢など）、「罰かぶる」など、さまざまに言う。古語「かぶる」（被ぶる、蒙ぶる＝失敗する、責

任を負う）が語源。これが「なんな、しゃれかぶって」になると、度のすぎるメーク、ドレスアップに言う。こちらは別語の「かぶる」（気触る＝かぶれる）の同音異義語からである。

**がめに**　筑前煮

サトイモ、ゴボウ、ダイコン、ニンジン、レンコンなどの煮締め。以前は骨つき鶏肉のぶつ切り、今では名物料理として上品にささ身を使い、グリンピースを入れたりするが、本来は台所に残る切れっぱしを、なにやかや「がめくりこんで」、ただし食用油で軽くいためて煮こむのは長崎渡りの料理法か。それを日ごろのお総菜から正月、祭りのごちそうにまで通用させたところに主婦たちの才覚が躍る。呼び名の面白さも手伝って、おきゅうとと並び昨今では庶民的博多料理の横綱格。

**がめのは**　サルトリイバラの葉

形が丸く、亀の甲羅に似ている。おっかさんが作ってくれる蒸しまんじゅうの両面に、この葉が当てられていた。年配者に懐かしい。

**がらるる**　叱られる

「部長に呼び出されて、えずう、がられてしもうた。いっちょん悪かこたあ（ことは）しとらんとい」などと。「おごらるる」の約転である。

**かる**　借りる

古語そのもので万葉歌に「降る雪に宿かる今日《きょう》し悲しく思ほゆ」、また『古今和歌集』に、声はしても涙は見せない時鳥《ほととぎす》に「わが衣手《ころもで》のひづをからなん」。自分の袖《そで》が涙でひどく濡れたのを借りて乾かせて欲しいものだなあという一首がある。

ところが、この「借る」が「借って」、「借った」と使われると、共通語「買って」、「買った」にまぎらわしく、「あら、そのバッグ、素敵ね。どこで買ったの」、「恥ずかしかあ、ちょっと借ってきたとやけん」、「だから、どこで買ったのか早く教えてよ」などと、ちぐはぐな会話になりかねない。それぞれ、ご用心を——。

**かるう**　担ぐ

「昇《か》く」、「かたぐる」と異なり、肩にも担ぐが背中に負うこと。「このごろ、赤ちゃんかるうたママさんな（は）おらんなあ」、「その代わり、デイパックやらいう物《もん》ば（を）かるう者《もん》の増えとろうが」。

**かろ**　角《かど》、門《かど》

「やかましゅう言いなんな、話しい、かろの立とうが」、また「あ、その家なら、かろを曲がって三軒目」などと使われる。

**かろうろう**　門灯籠《かどどうろう》

お盆に玄関の軒に下げる円型ちょうちん。薄墨で表に家紋、裏に家名を入れる。明治までは家の裏口にも岐阜ぢょうちん型のものを下げたという。黒田藩では税金滞納者にこれらを禁じたので、「ご先祖さま、見てください」とばかり競って表に掲げたという。裏口のちょうちんは帰ってくるご先祖さまの目じるし。汚れた足を洗ってもらう水だらいも添えた。

この機会に書くと、博多っ子はダヂヅデドの発音が苦手で、ラリルレロになる。だから「いけろううろう」や、この「かろうろう」その他もろもろ、植木のドウダンツツジが「ロウランツツジ」、またヂンチョウゲが「リンチョウゲ」。「そうですか」が「そうれすか」など随所に発揮される。

さ、これで冒頭に紹介した異国語みたいな歌詞も、かなりお分かりのことだろう。この「かろろうろう」、郊外の新住宅地でこれを見かけると、「おっ、博多の人」とほほ笑ましい。

**かわをわたる**　中洲に飲みに行く

那珂川とその支流・博多川に挟まれた地帯、明治初年までは博多への野菜供給源で、人家はまばら。江戸時代の町人文化人・奥村玉蘭は、一面に菜の花畑が続く風景から「菜華洲」と当て字を楽しんでいる。現在では全国有数の歓楽街で、「川ば（を）渡ろうえ」などは、そこから生まれたスラング。

大正時代、九州帝国大学のさる有名教授、よく川を渡るので、学生たちが漢詩「川中島」（上杉謙信、武田信玄、三たびにわたる決戦場）の一節「鞭声《べんせい》粛々、夜、川ヲ渡ル」をもじり「先生ちょくちょく夜、川を渡る」と、うわさし合ったそうである。なお、中央区中洲の公称名は「なかす」だが、博多育ちは「なかず」と呼ぶ。

**がんがらがん**　損得なし、骨折り損、からっぽ

「今度の仕事、がんがらがんやったね」と博多おいさん。「あいた、うちの貯金通帳も、がんがらがんですばい」と博多かかざん。なんと『広辞苑』に「ブリキ缶など打つときの音。家、倉庫など物がなく空虚なさま」とある。さては共通語であるのか。しかし、よその人がこう言っているのを聞いたことはないのだが……。

**かんじょう**　節約、倹約

共通語「勘定」は、①金銭出納、数量計算、②代金支払い、③見積もり、考慮などのこと。すべて節約こそ美徳とされたころ、それを第一義に「かんじょう」に集約されたものか。外国旅行で日本より小ぶり

な箸が出て、「まさか、かんじょうしとるとじゃなかろうが」と箸談議が弾んだことがある。

明治のわらべ歌に、「大目団八、油のかんじょう」。当時、魚《うお》の町《まち》（現博多区下呉服町）在住の芝居役者・市川団八は目鼻立ちくっきりと「目千両」とうたわれた。「目玉が大きいから物がよく見え、ランプの灯油が節約できまっしょ」というわけ。

## 《き》

**きすご**　スズキ目の海水魚キス

接尾語の「ご」に注目してみたい。「きすご」のほか、タイも稚魚のうちは「こだいご」、少し成長すると「こだい」、またアジも体長十余センチぐらいまで「あじご」と呼ばれる。「こ」には、小さいさまを表す「小」と、幼いもの・人を親しんで言う「子」がある。

「いざ子ども香椎の潟《かた》に白たへの袖《そで》さへ濡《ぬ》れて朝菜摘《つ》みてむ」。大宰師《だざいのそち》・大伴旅人が香椎浜（現東区）で詠んだ万葉歌は、「さあ、みんな」という親しい呼びかけで始まる。あれこれ考えると、博多でキス、タイ、アジたちへの接尾語は東北地方の「フナっこ」、「ドジョっこ」、愛知県の「お芋さん」、岡山県の「お粥《かゆ》さん」と同じく、海・山の恵みに感謝を含む親愛感ではあるまいか。

**きつか**　疲れる

筆者、戦時中の学生時代、銃をかたげる軍事教練の行事に、途中で「きつか」、「きちい」と言うのは九州人、「あかんわあ」は関西人。東京人は「かったるい」と言うのを知らされた。博多ことば「きつか」

は疲れて苦しい。ところが共通語「きつい」は、襟《えり》や靴の寸法が合わず、締めつけられ窮屈なこと。もともと「きつし」は、①はなはだしい、②厳しい、つらいなどを意味する。同じ古語から九州と現代口語の違いとなった。こんなところにも言葉の持つ微妙さがある。

**ぎち**　土間

赤土、石灰を混ぜ固める。これだと砂を使わず水が沁《し》みにくい。博多商家は、黒田藩が間口の広さを営業税の基準にした対応策として、間口は狭く「ぎち」を奥深く通し、両側に部屋や「おつぼ」（小さな庭）を設けた。今はセメントに代わったが、年配者に懐かしい。

**きな**　黄

ある博多っ子デザイナーが全国公募展審査に上京し、「このきなが効いとる」と言って皆から笑われ、「ばってん、黄粉《きなこ》のきなでっしょうもん」と反論した。古語に形容詞「黄なる」、「黄なき」がある。その名詞化だろう。

**ぎなん**　イチョウ

この木は葉の形が鴨《かも》の足裏に似ているので中国で「鴨脚《ヤチイヤオ》」と呼ばれ、日本に伝わり「イチョウ」となまった。別称「ギンナン」も「銀杏《ギンアン》」から。博多ではさらに転じて「ギナン」。三月十二日は櫛田神社「ぎなん祭り」。樹齢三百年というご神木の根元に「フジに酒、ソテツに古くぎ、ギナンにおから」のことわざどおり、おからを埋め、皆で祝い歌「さても見事な櫛田のギナン」と歌い納める。

一方、福岡部では「イチョウ」と呼んだらしく、中央区大名二、たばこプラザにそびえる老樹は「飯田どんのイチョウ」となじまれた。武勇に優れ、初代黒田藩主・長政に客分として招かれた飯田覚兵衛の屋敷跡。かつて一帯が高級武士街だったことを、今ではこの老樹一本が語り継ぐ。

**きばる**　頑張る、奮発する

博多どんたくを控え、福岡市民の祭り振興会リーダーから「きばってつかさいや（くださいよ）」と、行きずりに声をかけられた。九州一周駅伝競走が鹿児島にかかると、沿道からいっせいに「きばれ、きばれ」の声援が飛ぶ。気力をふるい起こす「気張れ」からである。

**きびしゃ**　足のかかと

古語「踵《きびす》」は、かかとから、くるぶしまでを表す。その総称を部分的に固定し、なまって「きびしゃ」。また「あど」とも呼ぶ。幼いころ、遠足から帰って母親から「痛かったろう、豆のでけとる」と薬を塗ってもらった日が、多くの人の思い出にある。

**きびる**　くくる

語源である古語「くびる」は、ひもでくくり締めること。これが現代口語「くびれる」（両端が膨れ中ほどがせばまる）になった。なーに、ウエストのくびれなど気にしない、気にしない。健康度の証明だ。ひもを博多ことばで「きびりもん」。

**きやす**　消す

「もう門灯は消やしてよかろう」、あるいは「あとで消やさるるごと、鉛筆で書いときなさい」などと使

われる。

**ぎょうらしか**　ぎょうぎょうしい

「今日のパーティー、ぎょうらしかったなあ」、「うん、セレモニーの長うて、立っとるのがきつかったやね」など。語源は古語「ぎゃう」（おおぎょう、はなはだしいさま）からで、近松門左衛門の浄瑠璃「丹波与作待夜《たんばのよさくまつよ》の小室節《こむろぶし》」にも「ええ、この座敷は、ぎゃうに滑って歩かれぬ」とある。

**ぎり**　限り

「わがまま言うとも、これぎりにしてね」、「分かった。これぎりにする」など。古語「きり」は区切り、段落、期限を表し、歌舞伎、浄瑠璃でフィナーレの幕、段もそう呼ぶ。その濁音転である。

**きりかやす**　する、行う

少し乱暴な言い方とされるが、語感の面白さから強調語的に親しい仲間うちや博多にわかで「往生きりかやしたやね」などと使われる。

**きる**　～できる、その能力がある

「よか本ば持っとるけん貸そうか」、「ご免。こまか（小さい）字の本は、もう読みきらんと」。共通語で「読めない」、「読まれない」だと周囲の環境、条件などを含むが、こちらの「きる」は自己能力を表す。部屋が暗かったり忙しかったりして読めないときは「読まれん」と言う。

「きる」にはいろいろな語があるが、「切る」（尽きるようにする、最後までする）あたりが意志、能力を表して、そのルーツだろう。筆者、そう推定はするものの断定しきらんのが残念だが……。

**ぎんだりまい**　てんてこまい

帰省ラッシュを前に博多のおふくろさんが「息子と娘夫婦が孫たち連れて帰ってきますけん、用意にぎんだりまいしよります」。実は目を細めてうれしそう。「ぎんだり」は語源探しの手立てとして「ぎ」の濁点と撥音便「ん」を除き、それらしい単語を辞典に探ると、古語「きたる」には「来る」のほか「弱くなる、衰える」の語義がある。これか、それとも「気垂る」（気力がうせ、疲れる）からか。「まい」は神楽、能楽の「舞い」（すり足で舞台を回る）の所作からではあるまいかなど推量してみた。

# 《く》

**くえる**　崩れる、欠ける

「台風で塀のくえてしもうた」、「人形の古うなって、鼻のくえとる」など。古語「崩ゆ《く》」（①崩れる、②朽ちる、腐る）から。万葉歌にも「うるわしとわが思《も》ふ心速河《はやかわ》の塞《せ》きに塞くともなほやくえなむ」。他動詞は「くやす」。

**くさ**　～ね、～ですよ

「あのくさ、きのう急ぎの用のあるとい（のに）くさ、出会うた人が長話ししてくさ」など軽く念を押すときに、また「そうくさ。ちゃんと決めとろうが」など、強めの意味にも。古語「こそ」（物事を強く指示する意）からとされる。筆者若かりし日、夏休みの帰省を前に下宿のおばさんから、「九州は、あのくさ、このくさ。草ばっかりで熊が出るんでしょ。元気で戻ってらっしゃいな」と冗談を言われた。

**くじる**　いじる

「あんまり、くじりなんな。くずらかすばい」。古語「くじる」（えぐり取る、ほじくり出す）が語源だが、それに比べ、もっと軽く使われ、強く言うときは「くじり回す」、「くじりたくる」と使われる。

**くすぼる**　隠棲《いんせい》する、世を逃れ閑居する

古語「くすぼる」は、火がよく燃えず煙ばかり立つ、また、すすけること。そこから共通語でそれらのほか隠棲することを加え、「くすぶる」の語源となった。それが「定年退職したあとは、もう田舎でくすぼっとります」などと使われる。現代は生涯青春、生涯学習の時代とされる。くすぼっても、くすぼらかせてもなるまい。

**くずるる**　壊れる

他動詞は「くずらかす」。さきの「くえる」よりも程度がいくらか軽く、塀ならその一部といった感じで、「時計のくずれた」（すぐ修理できる）などと言うが、「縁談のくずれた」になると影響甚大だから、一概にそうとも言いにくい。古語に「くずる」（ものが砕け壊れる、壊れ落ちる）があり、『源氏物語・須《す》磨《ま》』に「長雨に築土《ついど》（土塀）所々くずれて」と出てくる。

**ぐぜる**　ぐずぐず文句を言う、だだをこねる

「ぐぜったっちゃ、でけん（できない、だめな）もんな、でけんくさ」、「早う、おっぱいやって、ぐぜらせなんな」など。古語「ぐずる」を語源に共通語「ぐずぐず」と出所は一緒である。

**ぐっちょう**　競争、比べ

ひところまで、子供たちが「走りぐっちょう（競争）しょうえ」。幼いころを懐かしんで、今も博多育ちがおどけて「奥さま、デパートで買いぐっちょうしましょうか」、「おい、今夜は飲みぐっちょうといく

か」など、都心、飲み屋街で聞いた。熊本県では競争を地域により「走りがっちょ」、「走りがち」。そこで博多の「ぐっちょう」も「勝ち」からか。

**くねる** ゆがむ、くじく

共通語「くねくね曲がって」の語源と同じく「折れ曲がる」を言う古語に「くねる」がある。博多では「足首ば、くねって往生しとる」。他動詞は「くねらかす」。

**くらする** なぐる、たたく

促音便で「くらすっぞ」、または自分が相手側に立って「くらさるるぞ」など。拳骨《げんこつ》一発「くらわせる」からきた。

**ぐらぐらこく** 絶望的に怒る

「今度の連休くさ、汽車も旅館も満杯でくさ、もう予約でけんと。ぐらぐらこいたやねえ」。怒りのため、頭の中が揺れ動く状態。ただし深刻でなく、さらりと楽天的で博多的。怒りの度合いには数段階ある。➡ぞうのきりわく、はらかく

**くる** 行く

博多の古老たちから「あした、福岡に来ますけん、ああた（あなた）がとこ（所）にも来ますばい」。昭和三十年代、こんな電話が天神の職場によくかかってきた。もう博多、福岡の厳密な地域的呼び分けは薄れたが、「来る」は健在で、こちらから「行く」のを「来る」と言い、初めて聞く人をまごつかせる。

古代では、こちらに近づくことを言うほか、自分が近づくことも、こう言った。自分が相手側に立っての言い方と思えば、なかなか奥床しいが、要するに概念未分化のころの古語。『古今和歌集』の恋歌に

「限りなき思ひのままに夜もこむ」（夜にもそちらに行くだろう）の一首がある。

**くるぶく**　うつむく

ＰＴＡの授業参観から帰った母親が「花子ちゃん、くるぶいてばっかりおらんな、先生のほうば見とくとばい」。「ぶく」は「伏す」（かがむ、ひそむ）から。「くる」は「繰る」で、その動作を強調して言う。

**くんだりむく**　見おろす、威張り返る

「高層ビルもよかばってん、上からくんだりむいとるごと（ように）あって好かんやねえ」。会議、宴会といえば、自分から上座に座り、一同を「下り向く」ありさまから。用例のビルだけでなく、もちろん人物についても言う。首都が京都、江戸のころ、そちらを中心に「のぼる」、「くだる」。現在の新幹線も「上り」、「下り」。福岡城跡「上《かみ》の橋」、「下《しも》の橋」も、それによる。共通語「くだらん」は、都からくだった上等の品「下り物」になり得ないというところから、そう言われる。

## 《け》

**げ**　～に（理由、目的表示）

「映画見げ行こうや」、「うん、その前に何《なん》かうまか物《もん》、食べげ行こうえ」などと使われる。古語「故《け》」（ため、ゆえ）の濁音転である。

**げいしょうもかなわんな**　手腕・力量もないのに柄になく

語音どおり「芸性《げいしょう》」からかとも考えたが、それよりも「甲斐性」からに違いない。

**けそけそ**　きょろきょろ、うろうろ

何かに「懸想《けそう》」（思いをかけること）をしているため、そうした態度になることを言う。「けそけそしなんな」、「いつも、けそついとると笑わるるぞ」などと使われる。

**けたくそのわるか**　縁起が悪い

「けたくその悪かあ。朝からボタンのとれたばい」、「ばってん、出針（出がけに針を使うこと）は、まん（運）の悪かやら言いますけん」と。あるご夫婦の会話。古語で「けたい」は、幸先《さいさき》、縁起。「なにぬかすぞい。けたいの悪い」（『続膝栗毛』）。

**けっこうじん**　おひとよし

何があっても「けっこう、けっこう」ですます身分、性格の人。うらやましくもあるが、ちと頼りない。

**げってん**　偏屈者、へそまがり

「今度の会にゃ、げってんな、かてまいや」、「げってん回されたら、楽しゅうなかもんね」。本心から憎むのでなく「いい人なんだがなあ」というニュアンス、むしろほほ笑ましい。さて、その語源探しだが、「外典《げてん》」（仏教を知識教養の中心とする立場から仏教書以外の書物）という仏語《ぶつご》を見つけた。その昔、たぶん江戸時代か、お寺の住職が口にするのを人々が聞き覚え、少し別の意味に解釈した。そんな推測、どうだろうか。

**げどうされ**　まったくつまらないやつ

仏語で「外道《げどう》」は仏教以外の教え、またそれを信奉する者。それがいろいろな語義となり、その一つがこれ。魚釣りでお目当てのキスゴやアジゴでなく、何にもならない小さなチーチーブクが針にかかると

「ちぇっ、また、げどうが」の声となる。人物にも言う。

**げな**　～だそうな

「あっちが宝くじで大もうけしたとは、まじないのお陰げな」、「そのまじない、すぐ教えてくるるげなばい」などと使われる。式亭三馬『諢話《おどけばなし》浮世風呂』にも「子分に風鈴五郎七といふがあったげな」とあり、古語「げな」（①推量の意・ような、②伝聞の意・そうな）そのもの。とかく誇張や誤りを伴いがちなので、ことわざに「げなげな話は嘘《うそ》じゃげな」というのが用意されている。

**けわしか**　厳しい、忙しい、急を要する

「けわしか仕事抱えとるけん、次の例会は出席でけまっせんばい」、「けわしゅう言われたっちゃ行かれまっせんばい」など。「嶮《けわ》し」から。

**けん**　～だから

古語「けに」（ゆえに、ためにの撥音便。『竹取物語』に「千《ち》たびばかり申し給ふけにやあらむ。雷《かみなり》鳴りやみぬ」とある。ある日のこと、「何回も言うたとい（のに）用心せんけんですたい」とおばあちゃん。さて、おじいちゃんの返事は……。

**けんけん**　ずけずけ、とげとげしく

そのおじいちゃん、「けんけん言いなんな。用心しとったばってん、ちょっと転うただけ。もう治ったけん、大丈夫」。よかった、よかった。共通語「きゃんきゃん」に似る博多流の擬態語。

**けんたい**　人の意を介せず無遠慮

「けんたいに頼まれたっちゃ、引き受けてやるもんな」。語源は「怪態《けたい》」（奇妙、不愉快）あるいは「権《けん》

高《たか》」（気位が高い、傲慢《ごうまん》）、そのどちらかだろう。

**げんたい**　もし、そうでもしたら

「赤ご飯（アズキ飯）にお茶かけしたげんたい、嫁入りの日い犬《いん》の食いつくげなぞ」など。その行動の結果が悪いことを仮定して用いられ、「まじめに勤めたげんたい月給の上がる」などとは使われない。筑後各地で「げにゃ」、「ぎんにゃ」など。いずれも「故《け》」（⬇げ）が語幹とみていい。それゆえの報いを戒める場合に言う。

## 《こ》

**こうかる**　威張る

「うちの部長くさ、すぐこうかるな」、「こうかり回らんなら、よか部長ばってんね」と、喫茶店で博多育ちサラリーマンの会話。語源は「高《たか》ぶる」（誇る、自慢する）の「高」の音読み「こう」からとも考えたが、それより「功」（手柄、功績）ではあるまいか。改めて、お断りしておく。筆者、決してこうかり回って書いているのではない。読者の皆さんと共に、言葉遊びを楽しみたいばかりである。

**こうしゃ**　器用な人、知恵者

「こうしゃぶりなんな」、「こうしゃ者にしちゃあ、やりそこのうとる」など。「巧者」（ものごとに熟練し技芸に巧み。また、その人）が語源だが、相手をそれと充分認めつつ、いくらか批判的な場合に使われるように思われる。

**ごうず**　水亀
戦後しばらく、夏のころ古老宅を訪れると、どこも孫のペットは決まってこれだった。漢語「鼇子《ごうす》」（大亀）のなまり、あるいはアオウミガメの別称「しょうがくぼう」（正覚《しょうかく》は正しい悟りを言う仏語）に対し、「小僧」からきたともされる。
ところで当時、古老たちは「ごうず」と「がめ」を呼び分け、「がめ」はスッポンのことだと教えてくれた。「がめのは」の項と矛盾するが、記録しておく。

**こうずかとる**　相手を押さえこむ、主導権を握る
結った髪を束ねたところを「髪束《かみづか》」と呼んだ。そのウ音便の古語「かうづか」から。ここを握られては、相手に従うほかない。男女ともへアスタイルは変わったが、博多ことばは生きている。

**こうぞう**　フクロウ
その鳴き声からとされる。久留米地方では「こうぞう五郎助、平兵衛と鳴く」（『福岡県内方言集』）というから納得される。福岡市都心に保存された「フクロウの森」（中央区赤坂）では、さて何と鳴くのだろう。

**コウトウネギ**　短く細い青ネギ
名物ふく（河豚《ふぐ》）料理の薬味に欠かせない。なぜか博多地方以外では大きく育ちすぎて、ダメという。「江東ネギ」、「鴨頭ネギ」など、いろいろ推察したが、単純明快に「高等」（等級が高いこと）からだろう。明治から大正期、高等裁判所、高等官、高等学校、高等女学校、高等小学校など続出し、それまでの「上等舶来」に「高等」が取って代わる。博多っ子、得意のネーミングである。➡ふく

**こぎる**　値切る

古語に「こぎる」があり、「小さく切る」と共に「値切る」ことを表した。狂言「仏師《ほとけし》」にも「価《あたい》は、こぎりはすまい」と出てくる。「こぎる」には、いかにも小刻みに値切る語幹がある。わが国で商店の定価販売が普及したのは意外に新しく、昭和初年。各地に見られた「正札屋」、「まからん屋」、「正直堂」などの屋号は、その先駆けの名乗りである。

**こく**　言う、する

この説明には時間がかかる。「なんば、こきよるとな」は「言う」の荒っぽい表現。また「だれかいな、屁《へ》ばこいたとは」などの「こく」は古語「放《こ》く」で、体外に放つことを言う。次に「こきつくる」（投げつける）、「こき倒す」、「こき曲ぐる」は「倒《こ》く」（倒れる、転がる）から。そのほか古語「扱《こ》く」は「稲こぎ」、「こきおろす」の共通語に残り、「しごき落とす、むしる」こと。

博多ことばには「こきやる」、「こき出す」、「こき混ずる」、「こき捨てる」などもろもろあって、残念ながらその語源の交通整理には往生こく。ただ、各種の語源が入り交じり、さまざまな強調詞になったのは確かなようである。

**こげな**　こんな

「こげな楽しか会は久しぶりやねえ」。「こ」は近称で「これ、ここ」を意味する。「げな」は「ような」の古語。

**こげん**　こんなに

「こげん早う解散するとは惜しかばい」、「もう、手一本入るるとな、まだ飲みたかね」などと。

**ござあ**　いる、の敬語
「おいさん、きのう出かけござあとば見かけたばってん、今日は表の掃除ばしてござあ。お元気でよござすなあ」。「ござあ」は「ござる」（「ご座しある」から）の侍言葉。那珂川を越え、東の博多に流入し転化したに相違ない。あらゆる動詞に付けられる。

**ござい**　おかず、副食物
「小学生のころくさ、昼弁当のごさいは塩鯨やらアブッテカモやったなあ」、「ああ、隣の子の卵焼き、かまぼこのごさいのうらやましかったばってん、今は逆に貴重品、名物料理ばい」と年配者たちの会話。本来「五菜」はニラ、ラッキョウ、ワサビ、ネギ、豆と五種類の野菜を言った。おっと現在では肉、魚を加えないとカロリー計算が合わなくなる。

**こさぐ**　表面を削る
「また、ばかもんが塀に落書きしとる。こさがにゃあ落てまいや」。「こさぐ」の「こ」は接頭語、「さぐ」は古語「さく」（離す）の濁音転である。

**こざにっか**　憎々しい
「こざにっかことばっかり言いよったら、出世の妨げばい」、「わかった。よう言うてもろうて、おおきに」と、親友二人のさわやかな会話。「こ」は接頭語、「つら」は顔の卑語で、顔を見るのもいやというのに「こづらにくし」という古語がある。その約転である。

**こしうつ**　挫折し絶望する
「シベリア抑留から復員してみりゃ、大空襲で焼け野原。こしうったばってん、なんとか先祖代々の家業はつぶさんな続けてきとります」。そんな言葉にこもる体験も、決して忘れてはならない教訓である。語源は説明するまでもなく「腰打つ」。ここを打たれてはたまらない。

**こしこしと**　しっかり、ちゃんと

ばあちゃんが、おふくろさんによく言った。「こしこしと畳ばふいて洗濯するとばい」の言葉も電気掃除機、洗濯機が普及し、出番が減った。語源は「濃し」（濃厚に、しつこく）、つまり「念入りに」から。

**こずく**　連続する軽い咳《せき》

「声《こえ》作るの転なるべし」とする説もあるが、むしろ簡単に「小突《こづ》く」からではあるまいか。

**こすっぽう**　ずるく、けちな者

古語「こすし」は悪賢くずるい、けちなこと。狂言「馬口労《ばくろう》」に「をのれ（お前）は、こすいことをしおる」、また『炭俵』に「年の暮互ひにこすき銭遣ひ」など。その「こす」に「がじっぽう」と同じく「ぽう」が付く。同義語で「こすたん」とも言い、こちらはいくらかユーモラスな響きで救いがある。それらを相手により気分により使い分ける博多っ子、なかなか語彙《ごい》は豊富である。

**ごすとおき**　早起き、起き抜け

「ごすとおきして来たけん、まだ、よーと目の覚めとらん」など。「ごすと」は擬態語と見るより「期《ご》す」（予期し予定する）がルーツ。人間だれしも、目的がなければ無理に早起きしたりはしない。

**ごたい**　身体《からだ》

「ごたいの調子のどうかある。夏ばてかいな」。「ごたい（五体）」は頭、両手、両足、あるいは筋、脈、肉、骨、毛皮の五つから人間、動物の全身を呼ぶ。

「こごたい（小五体）の動く」は、まめまめしく立ち働くこと。その逆に豊後地方で「ごてしに」（五体死に）は怠け者を言う。

**ごっかぶり**　何にでも手を出す人、どこにでも顔を出す人

「ごっかぶり」は「御器嚙《ごきかぶり》」で、台所の厄介もの「ゴキブリ」の名の由来を示す。博多の「ごっかぶり」はこの虫そのものも呼ぶが、「あの男、三味線、小唄から今度はバイオリンば、かじりよるげなぜ」、あるいは「ほーら、また顔出しとろうが。今日のパーティーと何の関係があるとかいな」といったことが重なると「ごっかぶり」と呼ばれる。いくらか目ざわりな感じだが、周知徹底すると、それもまたご愛敬のニックネームとなる。

**ごっつぉう**　ごちそう

おなじみの促音便と通音転。

**こて**　～ねばならぬ

「お正月のくるとばい。しかし、かーっと掃除せじゃこて」。ずいぶん前、ある旧家のごりょんさんに願いごとをしたら、ゆっくり柔らかく「よござっせにゃこて」と言ってくれた。それは「よか」、「よかくさ」、「よござすくさ」より、もっと親切丁寧な響きで忘れ難い。「こて」は「くさ」と同じく古語「こそ」を語源に、ものごとを指示し強調して使われる。

**ごと**　～ように

古語「ごとく」の省略で「そのことわけなら、たいがい（たいてい）聞いたごとある。もう、よかごとしやい」などと。「ごとある」、「ごとあった」は「ごたる」、「ごたった」と詰まり、「よかごとしたっちゃ、

人に笑わるるごたることだけは、しちゃならんぞ」、「さっきのお説教、効《き》けたごたった」などと使われる。

**ことわけ**　弁解

「なんぼ（いくら）ことわけ言うたっちゃ、だめばい」など。古語「ことわけ」は、特に言葉を改めて言うこと。そこから「ことわり」には判断、通告、謝絶のほか「謝る、謝罪する」の語義がある。そこらが語源だろうか。

**ごみ**　ひっくるめ一緒に

同音の「ごみ」（ちり、あくた）でなく、食卓で母親が「こまか（小さな）魚は、骨ごみ食ぶるとばい。カルシウムのあるけんね」。語源は「ぐるみ」、「ぐるめ」の転で、近松浄瑠璃「持統天皇歌軍法」に「背中に負うたる天皇ぐるめ姫ぐるみ」。

**こみやる**　そっちのけに無視する

「せっかく協議会に出とるばってん、こみやられてしもうて面白うなか」、「なんな（なんだ）今度から、こみやられんな、どんどん発言せにゃあこて」。「籠《こ》む」（堅く囲む中に入れ、動けないようにする）の古語から「こめやる」の音転と思われる。

**こらゆる**　耐える、がまんする、許す

「あげんまで言われて、ようこらえたなあ」、「こらゆるときはこらえきるけん、心配しやんな」。親友とそんな会話の職場体験、この私にもある。古語「こらう」→「こらえる」の転である。

**ごりょんさん**　商家の妻

古語で「ごれうにん（御寮人、御料人）」は他家の妻と娘への敬語で、大阪の油問屋の娘お染と、丁稚《でっち》

久松の情死を扱う浄瑠璃「新版歌祭文」に「大所《おおどころ》のごれう様、様々と言はれても」。それが「ごりょんさん」、「ごりょん」となり、狂言「庵《いおり》の梅」には「さてもさても大勢のごりょんたちや」。大正十三年、西條八十《やそ》の詩が雑誌の締め切りに間に合わず、蕗谷虹児《ふきやこうじ》が自分の叙情画に添えた「花嫁ご寮はなぜ泣くのだろ」（童謡「花嫁人形」）が大ヒットした。

博多では明治のころ、大店《おおだな》の妻を「ごりょんさん」、官員や旧武家のそれを「奥さん」と呼び分けたという。今では年配者に「奥さん」同様「ごりょんさんによろしく」などと使われる。博多子守唄に「うちのごりょんさんなガラガラ柿《がき》よ、見かけよけれど渋うござる」。

**これは**　さようなら

共通語「さようなら」が古語「さらば（それでは）」からきたのと同じく、「これはお邪魔した。それではお別れして、また会いましょう」を下部省略した別れのあいさつ語である。

**こんこん**　たくわん、ダイコン漬け

「香《こう》のもの、お香々《こうこう》」の撥音便。ある支店長、着任して初めて聞き、キツネの鳴き声にちなむ食品かと思ったげな。全国どこの料亭に行っても「こんこんな要らんばい」と念を押す博多人形師の名人もいた。明治時代の厳しい徒弟修業、昼食の「ごさい」は、これだけだった。悪夢のごたった戦争中、軍隊で上官への食事にこんこん三切れをつけ「貴様、俺を負傷させようというのかっ」、それではと四切れつけると「戦死させようとするのかっ」となぐられ、こき倒された例は多い。

「三切れ」は「身切れ」、「四」は「死」に通ずるとして、こだわる人はまだまだ多い。ヤングたちも、知っておいて損はしない。

# さ行

## 《さ》

**さい**　①方向表示、〜へ　②〜さえ
「こっちさい行きゃ近道たい」、詰めて「こっつぁい」とも言う。すると助手席の彼女「安全運転さい守るとなら、もっとそっつぁい（そっちさへ）そばに寄るよ」。お二人でドライブ中の会話、こげなふうだろう。傍点の「さい」は②「さえ（そのことだけ）」の転化。

**さいたら**　おせっかい
「いたらんこと、さいたら回しなんな」などと使われる。江戸時代、関東一帯では小才のきく者を俗語で「才太郎」。そこから「さいたらばたけ」とも呼び、近松浄瑠璃「聖徳太子絵伝記《えのでんき》」にも「さいたらばたけと打ち笑ひ」と出てくる。博多っ子は、珍しく新しいものは、どんどん取り入れ同化していく。昔も今も。

**さっち**　ぜひとも、必ず

「さっちが来るとばい」、「さっち来るけん、待っといてね」などと使われる。「しゃっちが」ともなまる。「さてもって」の転化で、『続膝栗毛』に「さっち行きますべい」と出てくる。

**さっちむっち**　無理矢理に、どうしても

「さっちむっち買いたかとね」、「ええ、こらえといて。前からさっちむっち欲しかったと」と、ショーウインドウ前で二人の会話。語源は「しゃにむに」（がむしゃらに）からである。京都では室町時代、「さ」を「しゃ」と言ったらしく、例えば朱雀橋、朱雀天皇も時代により「しゅじゃく」、「すざく」と呼ばれる。魚のサケを「シャケ」、壁を塗る左官を「しゃかん」と言う人は今も多い。

**さっぱそうらん**　底抜け大騒ぎ

「よんべ（昨夜、ゆうべ）は同窓会の忘年会で、さっぱそうらん。三日酔いですたい」。語源を探ると「さっぱ」は古語「さは」（多く）、「そうらん」は「騒乱」（騒ぎ乱れる）からかとも考えた。だが、和語と漢語のドッキングが気にかかる。漢語「撒播《さんぱ》」（種子を田畑一面まき散らす栽培法）と「騒乱」からとする説に従っておく。

**さで**　動詞を強調する接頭語

ある博多奥さまが上京し、笑われないようにと「坊や、おいたしちゃ、だめよ」と言っていたが、坊やが溝に落ちると、思わず「ほら、さでくり落てたっ」と駆け寄ったそうな。同様に「さでこく」（言う）、「さでくり出す」、「さで転ぶ」、「さでくりかえす」（してしまう）などと言い、わらべ歌にも「雪やこんこん、あられやこんこん、あられが先いなって、さで転うだ」。その語源だが、近松浄瑠璃「小野道風青柳《おののとうふうあおやぎ》

硯《すずり》」に「裏の池へ、さでこんでこますぞ」とある。

**さばくれん**　さばけない、もたつく

だらだら長引いた会議のあと、同僚たちが「往生こいたな」、「うちの課長、さばくれんなあ」。それを聞き、福岡支店に着任間もない一人が「鯖《さば》をくれなかったのが、なぜそんなに問題なのか」と首をかしげたそうな。「捌《さば》く」は入り乱れたものごとを、きちんと処理すること。江戸の町奉行・遠山の金さんの「裁《さば》き」にも通ずる。その反対語が「さばくれん」。

**さばけもん**　さばけ者、テキパキものごとを進める人、わけ知り

**さぱっと**　すぱっと

若い声で「さぱっととは、どんな意味でしょうか。切れ味がよさそうな感じは分かるのですが」と電話をもらい、これも博多ことばかと気づいた。「さぱっと」は共通語「すぱっと」、「さっぱりと」の同義語で、「さぱっとしとんなる（しているの敬語）けん、付き合い易か」、または「ぐじぐじ考えんな、さぱっと気分ば晴らしない」など。これも古語「すっぱと」（物を容易に切るさま）、「すっぱりと」の転ともされるが、「さわさわ＝さっぱり、さわやかに」とミックスされたのかななど、勝手な推量も楽しんでみた。

**さりむり**　無理矢理

「さっちが」（七十二ページ）に用法、語源とも同じ。

**さるく**　歩く

「去り行く」の転化とされてきた。だが、それでは行ったり来たりする「さるき回る」場合に不適とも思われる。ここで筆者の新説（珍説？）だが、「さ」は古くから接頭語として「さ百合」、「さ緑」、「さ霧」

など名詞のほか「さ乱る」、「さ並ぶ」、「さ寝《ぬ》る」などと動詞にも付く。「さ歩く」→「さるく」ではあるまいか。

**さんぎょうし**　竹馬

　昭和初めまで、少年たちの冬の遊びはこれ。自分たちで作った。長い竹馬に塀の上や軒先から跳び乗り、「おーい、東京の見ゆるやねえ」と、巧みにさるき回るのが、がき大将の資格の一つ。まだまだ懐かしむ中年者は多い。語源は「鷺足《さぎあし》」から。近年は公民館などで子供たちへの「さんぎょうし」てづくり体験伝承会も催される。

**さんとく**　財布

　孫娘の旅行、それも海外への出発が近づき、おばあちゃんは心配でたまらない。「生水は飲まんとよ。さんとくば落としなんなや」。孫娘は「ママ、また通訳してよ」と言ったとか。江戸時代、書き付け、鼻紙、楊子《ようじ》を入れる高価なさらさ（更紗）、どんす（緞子）製の小さな袋を「三徳」と呼んだ。三つの品を儒教の「三徳」（智・仁・勇）になぞらえた江戸っ子のしゃれっけ。新し物《もん》好きの博多っ子、さっそく取り入れて財布を呼ぶ。

**さんにょう**　計算、割り前

「さんにょうの合わん」、「さんにょうは、なんぼ（いくら）ずつな」など。「算用」のなまり。

# 《し》

**じぇ**　〜ぜ（念押し強意語）
「あの店、うまかじぇ」などと使う。語源は古語「ぞよ」で、強い感動で相手の意を確かめるのに用い、近松歌舞伎「壬生《みぶ》大念仏」に「そち（お前）は盗人《ぬすっと》ぢゃぞよ」。近年は若者たちに「うまかっちぇ」の博多ことばも生まれた。

**しかしかと**　ちゃんと、確かに
「しかしかーっと掃除しとくとばい。大事なお客の見ゆるとやけんね」、あるいは「まだ、しかしか食べとらんとじゃが」などと使われる。語源は古語「しかと」（確かに）から。『万葉集・貧窮問答歌』に、貧しげな老いた男が「しかとあらぬ髭《ひげ》かきなでて」過ぎた昔を語るさまが詠まれ、作者山上憶良《やまのうえのおくら》の人間愛を物語る。その「しか」を二度重ねるのも博多気質。

**しかともなか**　つまらない、ろくでもない
「しかともなかお土産で、すまんやったな」、「今度の披露宴、しかともなかスピーチしなすなや」などと使う。古語「しかと」（きちんと、確かに）の否定語である。

**しこ**　ほど、ぐらい（分量）
「さるき回ったしこ、くたぶれた」、「やりかぶって、いいしこ、おごられた」。語源は時代劇で手傷を負った侍が「なんのこれしき」の「しき」（ほど、ばかり）である。「しこら」とも言う。

**しこる**　茂る、凝《こ》る
「庭の水仙、しこったなあ」などと。ただ「茂る」に比べ、いくらか邪魔っけなニュアンスも。あるいは「肩のしこった」など。古語「しこる」（固まる、一団となる）が語源。

**じごろう**　土地に生まれ住む者
「じごろうも減ったばってん、山笠《やま》にゃあ遠方から加勢に戻ってきてくるるけん大丈夫」。事実、各地から、中にはアメリカから休暇を取り参加した例もある。「稚児郎《ちごろう》」、つまり赤ちゃん、幼児、少年少女のころから氏神様の稚児行列に出て育った郎党（者たち）からか。
また、博多には全国的な「石部金吉《いしべきんきち》」、「小言幸兵衛《こごと》」、「平気の平左《へいざ》」のほか多くの想定人物がいて、手土産なしの訪問常習者は「素手の五郎」、兄弟のうち兄まさりの弟は「弟の五郎」。そう考えると「地五郎」が語源か。

**したむなか**　したくない
「きつかことはしたむなか」、「あげな物《もん》、食べたむなか」、「着たむなか」など。「く」が「む」に転化。

**しびりきょう**　足のしびれ
座敷に長座したあと「あいた、しびりきょうの入った」。これを治すのに、おでこに唾《つば》をつけるまじないが全国的にあるが、博多では「しびりきょう上るなら俺も付いて上ろう」。「きょう」を「京」（京都）に掛けた博多にわか仕込みの語呂合わせ。生活が畳敷きから椅子《いす》、ソファに近代化され、そろそろ消滅語に近い。

**しまえる**　おしまい、終わり

共通語に比べ、すこぶる適用範囲が広く、「そろそろ時計の電池のしまえ（切れ）る」、「この店は、しまえ（倒産）たとね」、「早うシンビジュームば部屋に入れんと、しまえ（枯れ）るばい」など、他動詞は「しまやかす」で、「さっさと（食事、仕事など）しまやかしないや」。

**しめこみ**　締め込み

博多山笠や筥崎宮・玉せせりに参加する男たちが、きりりと締め込む。天下晴れての祭り装束で、山笠は昭和天皇もお尻まる出し姿に拍手され、ハワイ、オーストラリア、ニュージーランドにも親善訪問した。うっかり「ふんどし」と呼ぶのは絶対に禁句とされる。

**しもうた**　しまった

何か失敗したとき、「あいた、しもうた」のほか、共通語「しまった」と同じく「食べてしもうた」など、動作の完了したことを表す。

**じゃいけん**　じゃんけん

東京一帯の「じゃんけん、ポン」はじめ「ポイ」、「ポス」、「チョス」など地方によりさまざま。博多では「じゃいけん、しょっ」。

**しゃばか**　弱い

「今度の大仕事、しゃばか者《もん》にゃ任されん」、「この柱、しゃばかばい」など。「ひ弱し」（もろく弱々しい）の転化だろう。

**しゃる**　なさる

「次は、いつ来んしゃると」、「もっと早う来んしゃれんね」などと使われ、「きんしゃい博多」は福岡市の観光キャッチフレーズだった。「しゃる」は近世語で、浄瑠璃「夏祭浪花鑑《なにわかがみ》」にも「明神様へお礼がてら、連れて参らしゃれんかい」と見える敬語。

**しゃんしゃん**　福岡の武家娘

「様々《さまざま》」のなまりからとされる。明治三十四年、相生《あいおい》券番でストライキが起こり、別に水茶屋券番が開業する。リーダーは芸者・小三《こさん》。馬回り二百石・根本源太夫どん（敬称）の「しゃんしゃん」育ちだった。かくて、意気と気っぷで全国に名を売る「馬賊芸者」の誕生となる。小三姐《ねえ》さん、肝玉がすわっていたはずだ。

**しゅげる**　茂る

博多祝い歌の一節に「枝も栄ゆりゃ葉も茂る」、習い覚えんしゃったら必ず「しゅげる」と歌わっしゃること。

**じょう**　さん（敬称）

「娘じょうが待ち遠しゅうござっしょ」、「そっちこそ孫じょう連れて、うらやましかあ」。帰省シーズン、こんな会話が弾む。「じょう」は「兄《あん》じょう」、「姉じょう」、「弟じょう」など、親しい相手の身内に使う。戦前は、赤ちゃんの大切な乳母《うば》さんを「守りじょう」と呼んだ。

その語源だが、「丈《じょう》」は尉《じょう》、丞《じょう》などを起源に江戸中期以降、長老や芸能人に使われ、辞典には例として「市川団十郎丈」とある。その七代目団十郎も天保五年（一八三四）、はるばる来演するなど「芸どころ博多」が生んだ副産物に違いない。

**しょうけ**　竹かご

「てぼ」（⬇）、「めぼ」（⬇）に比べ大型で丈夫。食糧、土、石などを運ぶのに使われる。福岡県須恵町と飯塚市にかかる「しょうけ越《ごえ》」は、山の姿がそれを伏せた形から、また馬の背の重い荷を、これに取り分け人馬一体となり越えたので、とも言われる。

福岡市出身の広田弘毅首相が議会で、「こんな予算では、しょうけから水の（が）洩るようなもので」と答えたと語り草に残る。語源は「ひしほ（醤＝みそに似た昔の食品）受け」。

**じょうしき**　聞きわけがない、強情

ある人、福岡市に来住して間もなく、お隣さんが「うちの孫が、じょうしきするもんじゃけん、往生する」と語るのに、「はて、ここでは常識は邪魔になるのか」と思ったという実例がある。室町期、世阿弥《ぜあみ》が能の修業、演出などを述べた『風姿花伝《ふうしかでん》』は、「稽古は強かれ、情識はなかれけれなり」と強情っぱりを戒めている。その禅語から。禅宗は博多湾を窓口に伝承し、鎌倉時代から室町時代にかけ博多はその全国的メッカ。現在も名刹《めいさつ》、古寺が多い。

**しょんなか**　仕様がない

新婚旅行について二人の会話に「しょんなかろうが。まーだ月給も安うて休暇も長うは取れんとやけん」、「そんなら、いつか、さっちがパリ、ミラノに連れて行ってね」。けわしいときは、こう言うが、ゆっくりしたときは「しょうのなか」となる。昭和十年、「歌う映画スター」高田浩吉が大ヒットさせた「大江戸出世小唄」（湯浅みか作詞、杵屋正一郎作曲）に「好きなあの娘《こ》は口まかせ、ええ、しょんがいな、ああ、しょんがいな」。あれも「しょんなか」と同じく「仕様がない」が語源である。

**しらうお**　シロウオ

まだ水が冷たい二月、室見川をチロチロ上ってきて早春を告げる。長らく「しらうお」と呼ばれていたが、昭和三十年、「お魚博士」の大学教授が「シラウオでなくシロウオ」とマスコミ各社に申し入れ、改めさせた。歌舞伎「三人吉三」でお嬢吉三の名せりふ「月もおぼろに、しらうおの」や芭蕉の句「あけぼのや白魚しろきこと一寸」にあるのは確かにシラウオ科シラウオ。だが、当地のそれはハゼ科シロウオだというのである。

それ以来、口のまめらぬ（滑らない）博多っ子が無理してそう呼ぶのは、ちとばかり涙ぐましい。姪の白石、白井はじめ白砂、白壁、白土など、地名の白木原（大野城市）、白木崎（北九州市）など、みんな「しら」と呼ぶのが滑りがいい。当然、さっそくその矛盾を古老にたずねると、しばらく考えたあと、「こまか（幼い）ころは『しろいお』と呼んだ」という答えを得た。なるほど、これなら容易に発音できる。言葉とは、そんなものだろう。

さて、シロウオは吸い物、てんぷらにして美味、生きたまま酢じょうゆですすりこむ「おどり食い」は、性根が強いハゼの仲間だからできる名物である。

**しらす**　着飾る、おしゃれする

井原西鶴『世間胸算用』に「富貴なる女は皆、遊女にも取り違えるしだしなり」とあり、「しだす」（①作り出す、新案工夫する、②おしゃれ、おめかしする）の②がなまった。博多特有のダヂヅデド→ラリルレロ式特徴、ほかにも「そうです」を「そうれす」、「国道」を「こくろう」と言う人、まだまだ多く、ほほ笑ましい。共通語で料理の「仕出し」は①による。

**しりこそばいか**　おもはゆい

恥ずかしく、きまりが悪いとき、共通語では「おもて」（顔）がほてるが、博多では尻のあたりがこそばゆくなるというのである。残念ながら、お上品さの点で方言は共通語にかなわない。

**しりのぬくもる**　長居する、慣れて横着になる

「しりのぬくもってしもうて、お邪魔しました」、「うちの店長、しりのぬくもったごとあるな」などと使う。「尻の温《ぬく》もる」から。

**しりのはげる**　うそがばれる

こちらは尻でなく共通語「言葉じり」、「帳じり」など物の先端、すえ、結果を言う「しり」で、それが「剝《は》げる」（むけ落ちる、色があせる、中身が現れる）ことから。

**しれーっと**　知らぬふり

「あの人、たばこの火で畳ば焦がいて、しれーっと帰っとんなる」、「みんな一所懸命やりよろうが。しれーっとしとかんな、手伝え」などと使う。古語「しれじれし」（知っていて知らぬさまをする、そらとぼけている）が語源だが、古語のもう一つの語義「はなはだ愚かである」にも、いずれ当てはまることになりそうだ。

**しろしか**　うっとうしい

博多ことば番付で横綱格チャンピオン。「雨の降って、しろしか」から、「お宅は子供さんの受験で、しろしゅうござっしょ」、「そやけん、飲みげ行きゃあツケのたまって、しろしかあんばいですたい、ハッハッハ」などまで、やりきれない、気がふさぐことを言うが、どこかサバサバして、これも明るく淡泊な気質のせいだろう。

古語「しるし」は泥が深い、ぬかるんでいること。山口県では湿田を「じる田」と呼ぶ。「しろしか」の語源、推量がつく。

**じわーっと**　そーっと、じわじわと

万葉歌に「若かりし膚《はだ》もしわみぬ」とある古語「しわむ」（しわがよる）を語源に、「じわり」、「じわじわと」の転である。

**しわごんちゃく**　しわだらけ、むちゃくちゃな処置

人の皮膚や衣服にも言い、またそこから「なんな、このプラン、しわごんちゃくやなかやっ」と雷部《かみなり》長の声が飛ぶ。

## 《す》

**す**　鼻、耳、尻などの穴

学生時代、夏休みの宿題に帰省先の方言採集が出た。「ははあ、教授め、自分は昼寝しながら研究論文のネタ集めだな」とばかり、私はレポート用紙にただ一行、「九州では尻の穴を『す』と言う」。それでも共通語で「尻《けつ》の穴が大きい」（寛容な）教授だったので、格別にらまれもせずにすんだ。

銃の筒の中を「すあい」、縫い針に糸を通す穴を「みみず」。いずれも小さく細い。「隙間《すきま》」、「簀《す》」、「すだれ」の「す」も、これによるとされる。

**すぐたくり**　すぐさま、ただちに

「すぐたくりい帰るとね」と、少し寂しそうにおばあちゃん。大丈夫、この次はゆっくりと帰ってきます。かわいい孫じょう連れて。

**ずくぼう**　土筆《つくし》

古い博多ことばで「ずくにゅう」は頭のこと。早春、次々と頭を出す。

**すける**　補佐する

「ほら、天井から雨の漏りよろうが。洗面器でも何でもよか、早うすけない」。あるいは「もう飲めんけん、すけてやんないや」。『源氏物語・少女《おとめ》』に「すけなくて身貧しくなんありけるを」。古語「すける」（助ける）そのままである。

**すざる**　退く、引き下がる

「部屋の狭うて前の窮屈かよ。後ろの人は、すざろうえ」。江戸中期に興った庶民文芸・川柳集『柳多留《やなぎだる》』の一句に「百両をほどけば人をしさらせる」。小判百両の包みをほどくと、人々は無意識に身を後ろへずらす。「すざる」は「しさる」の通音濁音転。

**すたく**　誠意のない、粗雑、横着

ある福岡市在住の人徳者に、さらに立派だった父親から受けた家庭のしつけを質問し、「今で言う自由放任。一つだけ、すたくなことをするなと言われた」と聞かされた体験がある。ことわざに「すったく者《もん》の盆働き」。ふだん、すたくにぶらぶら怠けていると、みんなが休むお盆にも働かねばならなくなる。古語に「すたく」（苦しい息をはく、あえぐ）がある。こじつけめくが博多のそれは、結果がそうなることの省略語かもしれない。

**すっけんぎょう**　片足跳び
子供たちが地面に丸をいくつも連ねて描き、片足跳びして遊んだ路地風景も、もう見られなくなったが、年配者には忘れられない。鎌倉期ごろ、子供が片方の草履《ぞうり》を脱ぎ飛ばせ、片足跳びでそれを踏むのを繰り返す遊びを「けんけん」と言った。そこらから、こう呼ばれたに違いない。

**すったり**　お手上げ、だめ
「旅行、どげんやったね」、「それが、すったりたい」。語調が強ければ、思わぬトラブル。中ぐらいだと雨に降られたぐらい。弱ければ、期待が大きかったのに比べ「まあ、どうにか」といった意味。「廃る」（衰《すた》える、無用になる）からきた。

**すっちょうなか**　無愛想
「あげん、すっちょうなかもの言い（言葉遣い）しちゃ、ならんばい」と諭すおとっつぁんに「ばってん、あんまりサービスの悪かったけんね。以後、気をつけます」と息子じょう。「興《きょう》（面白み、楽しみ）」を強め否定して、こう言う。

**すってんとる**　逆手をとる、だます
「あいた、しもうた。用心しとったとい、またすってんとられてしもうた」。「素手にとる」から。

**すっぽぬける**　すっぽり抜ける
「すっぽん抜ける」とも言う。スポンという擬声語からである。

**すどか**　鋭い、悪知恵が働く
「あいつはすどかけん、用心しないや」。「鋭し」（①刃物の先がとがっている、鋭利、②勢いがある、強

い、③才能、技倆に優れる、精鋭、④さとい、素早い、鋭敏である）の転化。もっぱらそれらを悪用する意味に用いられる。

**すねじろ**　肉体労働をしない人

「脛白《すねじろ》」からと、すぐ見当がつく。商都博多では、すそまくりして脛が日焼けする者が少なく、いくらか比喩的にこう呼ばれ、博多山笠参加者は明治半ばから脚絆《きゃはん》を付けるのが正装となる。昭和四十年代まで、「これが伝統」と脚絆を付けなかったおいさんを二人だけ覚えている。

**すびく**　身に沁みる冷たさ、寒さ

「このスイカ、冷蔵庫に入れすぎて歯のすびくばい」。ピリッと冷たさが体の芯まで走り抜けるさま。東北、北海道に「しばれる」があるように、方言には特有の語感があり、消滅させるには惜しい気がする。古語に「すびく」があり、『今昔物語』で、スモモを肴《さかな》に酒をたらふく飲まされた男たちが「昔、腹鳴り合ひて、すびき合へり」と、ここでは争って厠《かわや》を探す場面がある。寒さで体がかじかむことも言ったに違いない。

**ずぶがえ**　損得なしの交換

「よかたい、お前がそげん欲しかとなら、ずぶがえしょうえ」。愛蔵する品物、ときには自分の息子、娘と親友の娘、息子を「ずぶがえ」に結婚させ、ハッピー至極な実例も知っている。充分な信頼度と度胸があってこそだろうが、古語に「ずぶ」（まったく）、共通語に「ずぶの素人」がある。

**すぼる**　くすぶる、いぶる

「庭木の落ち葉焼きの、すぼりよる。お隣の洗濯物に迷惑かくるけん、すぼらかしやんな」など。語源は「くすぼる」から。

**すみざけ**　縁談に婿方から届ける固めの祝い酒

嫁方がイエスと言ったら、すぐさま持参するのが話をまとめるこつ。もう背くことは極めて難しいとされる。朱塗りの酒だるや、日取りにこだわらず、一升瓶に金銀の水引き、大ダイ一匹を添え、「一生一代（一升一ダイ）すえ永く」。嫁方では床の間に飾らず、その酒とタイの吸い物で歓談、あいさつに出る娘じょうも日常スタイルのまま、持参するのも仲人に限らない。

全国的な結納は、そのあと。筆者、他県の家にこれを届け、双方まごついたことがあるので少し詳しく書いてみた。普段着姿のうち、ともかく良縁をまとめるセレモニーである。

**すらごと**　うそ

『竹取物語』にも「かく（このように）あさましきそらごとにてありければ」とある「そらごと」から。

**すわぶる**　しゃぶる

「子どものころ、ごさいにタイのごっつぉうやら出たら、頭の骨まですわぶりよったなあ」、「あたきゃ、小学校い上がるまで、おっぱい（お乳）すわぶりよった」などと、思い出をすわぶるように話が弾む。

またまた語源探索遊びをすると、「すわぶる」を詰めて発音すると「さぶる」となる。だが、室町時代ごろは「しゃけ（鮭《さけ》）」、「どしゃ（土砂《どさ》）」、「しゃっくり（さくり）」などと言われたという。これら同様「さぶる」→「しゃぶる」となり、現代共通語として定着したのではあるまいか。珍説、奇説を披露してみた。先学の「吸い、ねぶる」が語源とする説に従っておけば、恥をかくこともないと知りつつ……。

**ずんだれ**　気力を失い、だらしないさま

「一回や二回、失敗したっちゃ何な。ずんだれとかんな（ていずに）元気ば出しやい」などと言う。「ずん」は強調する接頭語。「うなだれる」、「へこたれる」の「垂れる」が語源である。

## 《せ》

**せからしか**　うるさい

余計な手間がかかったり、思わぬ邪魔が入ったりしたとき、「せからしか。ちょっと黙っときない」。語源は「気がせく」などの「急《せ》く」（急ぐ、いら立つ）からで、唱歌「早春賦」（吉丸一昌作詞、中田章作曲）の一節が、ちゃんとそれを知らせてくれる。

春と聞かねば知らでありしを／聞けば急《せ》かるる胸の思ひよ……

**せく**　①痛む、②閉める

二つの語義があり、①は「朝から腹のせいて」など、胃や腸のぐあいを言う。②は「また飲みすぎたけんでっしょ。寒かけん、そこの障子ば、ちゃんとせいて寝ときんしゃい」。忘年会シーズン、こんな夫婦の会話がよく交わされる。①の語源は前記の「急《せ》く」（急になる、激しくなる）。それとは別に、②は「塞《せ》く」（遮《さえぎ》り隔てる、防ぐ）による。

**せせる**　いじる、あさる

「そげん、せせったっちゃ、掘り出し物ななかばい」などと。古語「せせる」（いじる、指先などで探り求める）のまま使われる。一月三日、筥崎宮の「玉せせり」は、神霊の宿る木玉一個を激しく奪い合う。木玉に手をふれることで神徳にすがる新春祭である。

これが「せせくる」に強められると、古語では、いじり回し、もてあそぶ、男女が近づきたわむれることを言うが、博多では、突つき回す、他人のことをすみずみまで暴く。少し余計なことになってしまう。

**せっきる**　垣・塀などで境界を設ける

「あいた、まーた、野良猫のアポたれとる。何かでせっきっとかにゃ、また来るばい」。「塞き切る」から。名詞は「せっきり」。

**せわらしか**　うるさい、わずらわしい

ピカピカ新一年生になる坊やに、ママは「先生に甘えかぶって、せわらしかこと言わんとばい」。何かと気がもめ、しばらくせわらしゅうなるが、それでもニコニコ顔だ。古語「せはし」（忙しい）から。

**せんしょう**　むずがる、だだをこねる

明治二十二年に福岡市制発足の翌年、博多市への改称を提議した市会議員、初日の反応に気をよくして「赤子《あかご》（赤ん坊）のぜんしょうとして賛成あらんことを願う」（『市会記録』）。一票の差で「福岡市」が再確認されたのは、よく知られる逸話である。

古語で「僭上《せんじょう》」は、自分のことを誇張したり、分《ぶん》に過ぎる言動をすること。その濁音移動である。今、

「博多」は福岡市の愛すべきニックネーム。一枚の銀貨の表と裏の関係。

**せんぶき**　分葱《わけぎ》

ユリ科ネギ属の多年草で、早春のころが旬。これとタニシの酢みそあえを食べておけば、その一年、無病息災とされる。語源は株分けでよく芽ぶき増えるので「千ぶき」か。

**せんぺい**　煎餅《せんべい》。

濁音の半濁音転。➡かぱん

# 《そ》

**ぞうたん**　冗談

「ぞうたんのごと。おれは、ぜんぜん無関係ばい」、あるいは「ごっつぉうになったうえ、こげなお土産まで……ぞうたんのごと」など「とんでんもない」ことに使う。

**そうつく**　歩き回る

「また中洲ば、そうつきよったげなね」など。「さるく」（歩く）の転化とされるが……。古くは現代語「左右《さゆう》」を「さう」と言い、『源氏物語・若菜』にも「山のさうより月日の光さわやかに」。人の姓にも左右木、左右田などがある。ただ「さるく」のに比べ、左に右にうろうろ、これが「そうつく」のルーツではあるまいか。

**ぞうのきりわく**　激怒する

「はがいか」、「はらかく」に比べ、最高に激しい怒りを表す。「今日は、ぞうのきりわいた」、「ようこらえたなあ、さあ、酔っぱろうて忘れようえ」と、屋台で会社員二人の会話。なにしろ臓腑《ぞうふ》がちぎれ沸《わ》き立つというのだから、共通語「はらわたが煮えくり返る」同様、迫力がある。だが、こらえてよかった。サラリーマンの定年までには、そんな場面が何度かある。⬇ぐらぐらこく、はらかく

**そうよう**　全部、ごっそり

「スーパーで、よか物のあったけん、残っとるしこ、そうよう買ってきた」、あるいは「そうよう食べてしまわんな、お姉ちゃんにも残しとくとよ」など。古語「そうよう」は「その座一同の人」のこと。また、相手の家族一同のことをそう呼び、近松浄瑠璃「曾我七以呂波《そがななついろは》」に「そうよう様へ、おいとまごい」ともある。明治時代までは全国的に手紙などに「総容様によろしく」と書いた。

**ぞうよう**　費用

古語で「ぞうよう（雑用）」は①雑多な用事、②種々こまごました費用を言う。①が語源に間違いないが、ただし博多ことばではこまごました出費に限らず費用すべて。むしろ多額の場合に「先日は、ぞうようおかけして、すみまっせん」などと言う。

「ぞうようぶとか」は「費用が太い」こと。「披露宴のあと二次会まで、ぞうようぶとかっつろう（たろう）」など。また「ご夫婦ながら（とも）ぞうようぶとかけん、よかよか」。ポンと出費を惜しまぬ気っぷにも言う。

**そぎる**　削る

「鉛筆もそぎっときないや」。古語「削《そ》ぐ」（物の先端を斜めに削り取る。とがるように切る）に「切る」

が加わった。

**そげな**　そんな
「そげなこと言うたっちゃ無理ばい」。「そ」は「それ」で、万葉歌に「わが宿の花ぞ咲きたるそを見れど」とある。「げな」は「ような」を表す。

**そげん**　そんなに
「そげん言わんな、まあ話ば聞いてやんないや」。「げん」は古語「げな」の連用形「げに」の転である。

**ぞこぞこする**　悪寒《おかん》、恐怖のさま
「背中のぞこぞこする。風邪ひくかな」。共通語では「ぞくぞくする」。

**そぜる**　品物が傷《いた》む、壊れる
「おばあちゃん譲りの人形やけん、大事に扱うとじぇ。そぜるけんね」、「はい、はい、そざかさんごとして孫の代まで伝えます」。桃の節句を前に、ある夫婦の会話。古語「損《そん》ず」（そこなう）から。『太平記』に「大いに気をそんじて」とある。

**そっち**　あなた
方角にも使うが、話し相手のこと。共通語「そちら様」も婉曲《えんきょく》な言い回しが上品とされる。こちら博多でも「お前」、「あんた」に比べ、いくらか親しい感じで「そっちのかかさん、元気な」などと。

**そびく**　引きずる
古語「そびく」（そばから引く）を語源に「そげん嫌がる子ば、そびき出さんな家で遊ばせときないや」、あるいは「まーた俺ば中洲に、そびき出すとや」など。

# た行

## 《た》

**たい**　～だ、～だね

「そうたい、そげんしとこう」、「早う決まって、よかったたい」などと。古語「て」は言葉の終わりに付け感動の意を表し、歌舞伎「三十石艠始《よふねのはじまり》」に「貴様は念を入れて稽古なさる事はござらぬて」、また『浮世風呂』にも「あれだから油断ならぬて」。この「て」が、なまった。明治三十六年まとめの文献によれば、当時は博多ことばに「てい」も健在で、この推定を補強してくれる。「ばい」に比べ語感が軽く、意味合いも気易く使われる。

**たいしょう**　商家の主人

戦前まで「大将」は最高級の陸海軍武官。そこから人を親しみ、また、からかってそう呼んだ。昭和初め、喜劇スター古川緑波《ろっぱ》の歌に「酔えば大将、よう大将、狭い世間も広くなる、右はおでん屋、左はカフェー」。博多では敬愛をこめ、規模の大小に関係なく商店主を呼ぶ。

**たがえる**　違える

「また約束たがえとろうが」、「道で転うで指の骨ばたがえてしもうてくさ、約束たがえてご免」。古語「たがう」（①相違する、②外れる、背く、③変化し、尋常でなくなる）から。

**たかばた**　凧《たこ》

関東で「たこ」、関西で「いか」、「いかのぼり」と呼ばれ、西鶴の浮世草子『好色一代男』に「同じ友どち（友だち）と交はることも、いかのぼせし空をも見ず」とある。「たこ」、「いか」は、いずれも脚が長いタコ、イカの姿からきた。

博多の「たかばた」は空高くはためく「高旗」から、また勇ましい鷹《たか》に見立てたのではないかなどとされる。県内各地で「いか」（久留米、三井）、「たこばた」（鞍手）のほか、「ふうりゅう、ふうりょう」（三潴、八女）、「なんばん」（八女、浮羽）と呼ぶのは「風龍」、「南蛮」からと見られ、色も形もさまざま。思い出の中に空高く舞い泳ぐ。

**たかばっちょう**　高値

「たかばっちょう言いよるとじゃなかね」、「たかばっちょうばっかりやけん、買わんな帰った」。面と向かってこう言われても、どこかユーモラスで腹が立たない。これもお国言葉のよさ。「高張る」に博多式語尾が付いた。こうした例は実に多い。

**たかもん**　サーカスなど興行小屋

祭りに突如として、むしろやテントがけの劇場が高く建てられるから、それとも綱渡りや空中ブランコが高くで演じられるからか。

昭和八年、世界一を誇るドイツ・ハーゲンベック曲馬団《サーカス》を東京、大阪公演のあと、地元新聞社が誘致主催する企画に、前年の五・一五事件（日本陸海軍人らの首相暗殺など）に憲政守護の社説で名を残す菊竹六皷《ろっこ》主筆が「わが社の歴史に、たかもん主催の前例はないっ」と、つむじを曲げた逸話がある。だが、やがて理解を示し公演は実現、象五頭、ライオン十二頭、虎二十四頭、馬六十頭など合わせて二百七十頭、団員二百人の妙技に大観衆が魅せられた。「たかもん」は人それぞれの追憶を揺する。

**たくる**　しまくる

「なんな、ようべ（昨夜）は飲みたくって酔いたくれて、おらびたくってくさ。俺は蹴《け》たくって帰ろうごとあったとぞ」と親友から言われ、二日酔いの男はしょんぼり。「白粉《おしろい》ば塗りたくって飾りたくる」、「描《か》きたくって並べたくる」から、狭い庭に「植えたくるけん、しゅげりたくって往生しとろうが」など、博多っ子好みの一つ。語源は「まくる」で、他の動詞に付いて、その動作をむやみにする意を表す。こちらが明治以降「標準語」とされ、共通語となった。

**たぐる**　咳《せ》きこむ

「大丈夫ね、ケンケン、ゴホゴホ、たぐってくさ」などと。語源は古語「たぐる」（吐《は》く、咳をする）で、浄瑠璃「心中天網島《しんじゅうてんのあみしま》」に「くるくるたぐる風の夜は、せきせき回る火の用心」。「こずく」より、もっと強い咳を言う。吐くときに似て体内から突き上げてくる感じである。

**たけのぽんぽん**　竹筒

もう消滅語だが、明治三十六年当時は「たけんぽつ」と言ったと文献にある。「竹筒に空気を吹き入る

るときの自然音を真似たるものなるべし」と注釈も付く。中がからっぽなことからではないかとも思われる。➡うっぽんぽん

**たご**　おけ

軽金属や合成樹脂製品が出回るまで、家庭や農作業に木製のおけが多用された。中洲のクラブで「ションベンたご（トイレ）は、どこなあ」と言って周囲に笑いをまく有名画家がいる。若いホステスさんに分かるかどうか。

明治のころ、博多浜部では井戸に潮水が入り塩からい。大正十二年、上水道が開通するまで、飲料水は東公園の市設井戸から運ばれる「松原水《まつばらみず》」でまかなわれた。ひとたご（二七リットル）二銭、あまり安くもない。苦心して入手した松原水売りの写真を得意げにママさんに見せ、「あら、肥料《こえ》たご？」と言われ、がっぱりしたことがある。

**だご**　だんご

「だご汁」は「すいとん」（うどん粉だんごの汁煮）と呼び、戦中、終戦直後の食糧欠乏期、だごは少なく芋や葉っぱばかりだった代用食が、体験者にはむしろ懐かしい。あのころ、毎日それを作らねばならなかった母親たちの心情がしのばれる。八・一五終戦記念日、平和教育のため給食に選ぶ市内小学校もある。

**たしなむ**　大切に保つ、残しておく

「あなた、娘夫婦がボルドー土産のワイン、たしのうて飲んでね」。賢夫人である。古語「たしなむ」の語義の一つに「慎む、我慢する」がある。

**だす**　しでかす

「あのデパートのバーゲンなら、早う行かな（ねば）買いだすまいや」、「うちは慣れとるけん、さっちが買いだい（し）てみするばい」など。古語で「いだす」は上に付く動詞の意味を外面に表す意を添え、『源氏物語・総角《あげまき》』に「さらばこなたにと、言ひいだし給へり」とある。語源は、これだろう。

**だち**　したて、したばかり

「たかばっちょうやなかね」、「ばってん、ナスビもキュウリも取れだちですけん」と、マーケットで顔なじみ同士のやりとり。いくらか高価でも、鮮魚と同様、新鮮な野菜、果実はうまい。古くから「たて」は、その動作が終わって間もないことを示す接尾語で、江戸時代の仮名草子『東海道名所記』に「飴《あめ》の練りだち」と、博多ことばがそっくりそのまま出てくる。

**だちだち**　雨あしが最高に強いさま

「だちだち降りよるとに、よう来てやんしゃったね」、「約束たがえたら、はらかこうもん」。ざーざー降り、どしゃ降りを強めて言う。こうした擬態語、ネーミングの巧みさも特徴と言える。

**たつくり**　小イワシの干物

昔、イワシはたくさん捕れ、田畑の肥料にしたので「田作り」。「ママさん、二次会やけん、ごっつぉうはよか。たつくりば出ししんしゃい」。一杯飲み屋で出会った粋《いき》な客。共通語「たつくり」はゴマメ（小イワシの干物）を指し、田植の祝儀肴に使われたからという。

**たっしゃもん**　達者者、上手者

「あっちは、たっしゃもんやけんね」。用心が必要、油断ならないなど、本来の語義とは少し異なって使われる。初めて聞く人は決して喜ばないこと。

**たっちゃ** としても、ても

「そげん言うたっちゃ無理ばい」、「いくら断られたっちゃ、あきらめんばい」など。古語「とて」が語源で、浄瑠璃「淀鯉出世瀧徳《よどごいしゅっせたきのぼり》」に「あいつひとり斬ったとて、お主《しゅう》のためには何がなる」とある。共通語「たって」も出所はここ。

**たっつけ** はかまの一種

博多松ばやしでは「かたぎぬ」と、これが正装。「裁着《たちつけ》」と表記されるが、ポルトガル語「カルサン」から「軽衫《かるさん》」とも呼ばれ書かれた。洋式にならい、はかまの下部を絞って仕立て、江戸時代には旅行用に広く用いられた。縦じま織り、色は流れを構成する町内により、黒、紺、茶など。博多どんたくの大パレードでご覧あれ。

**たっぱい** 姿・形のさま

「今度の大会の開会宣言、あの人に頼もうえ。たっぱいのよかけん」、「あたきは別の人ば考えとったばってん、たっぱいのようなかもんね」。能、狂言で出演者が顔の前で両手を合わすのを「りっぱい（立拝）」と呼び、礼拝の姿とされる。そこからだろう。

**タノキ** タヌキ

明治七年、それまで空き地にワラぶきだった芝居小屋でなく、初めて常設の永楽社《えいらくしゃ》が博多中洲に建つ。当時まだ一帯は野菜畑、あちこち竹やぶも茂る。夜ふけになると。床下に住むタヌキ一家が舞台に出て踊るなど、うわさされた。現在、西日本随一の歓楽街。「用心しないや、しっぽのなかタノキの出るとばい」など使われる。初めて来福した観光客は、地元ベテランと同行するに越したことはない。

**たまがる**　たまげる
「たまがったばい、先日は」、「会うなり大声かけて、たまがらかせなんな」、「ほんなこと（本当に）たまぐり返ってしもうた」など。共通語「たまげる」と同じく、古語の「たまぎる（魂消る）」（非常に驚く、びっくりする）から。ただし古語の含む「びくびくする」、例えば『平家物語』にある「主上（天皇）夜な夜なおびえ、たまぎらせ給ふ事あり」の語義では使われない。

**だまごと**　うそ
「いくら頼まれたっちゃ、もうだまごとにゃ乗せられんばい」。「だまし言《ごと》」の約転である。

**だらしか**　だるい
近松浄瑠璃「津国女夫池《つのくにみょうといけ》」に「連れ三味線の手もたるく本唄、投げ節、流行唄《はやりうた》」。これの語源は次に書く「垂《た》る」である。

**だる**　へたばる、ばてる
「まだ暑か盛りい、だってしまおうや」と言いながらも、おじいちゃんは、うれしそうに旅に出る。大きなバッグ、孫たちへの土産がぎっしり。
古語「垂《た》る」は力が失せ、ぐったりなること。「歩《あゆ》び困《こう》じて、たりにたり居《お》る」（『今昔物語』）。

**たわらご**　ナマコ
古語ではナマコを「こ」と呼び、『古事記』に、天《あま》つ神の御子《みこ》に仕えるかどうかと問われた海の魚たちが、すべて仕えますと答えたなかに、「こ、白《もう》さざりき」、その罰に口を裂かれたため「今にこの口折《さ》くるなり」。一字だけでは、いかにもまぎらわしいので「ナマコ」（生《なま》こ）や「たわらご」になった。その形が俵に似ているから、あるいは干して俵に詰め、運んだからともされる。黒田藩のころ、ナマコの干物は幕府から中国向けの重要輸出品であった。

## 《ち》

**ぢご**　はらわた、内臓
「魚ば、いっぱい釣ってきた。ぢごは取ってから冷蔵庫に入れときない」、また「よーし、ぢごの出るごと、おごりあげて言うて聞かするぞ」など。語源は「血児《ちご》」ともされるが、むしろ「血籠《ちご》」、血がたまる場所というのではなかろうか。

**ちっちくれる**　縮み上がる
「おれがやかましゅうおごったら、ちっちくれて逃げ帰ったば」、あるいは「ちっちくれとらんな（てらずに）堂々と意見ば言いんしゃい」など。「縮む（恐れて小さくなる、身をすぼめる）からきた。

**ちっと**　少し、ちょっと
「ちっと考えが足らんやったぞ。ちったあ他人の言うことも聞いて行動しないや」。ほかに「ちょくと」、「ちょこっと」、「ちびっと」は物の分量に言う。おとぎ話で桃太郎にだんごをねだった犬、猿、雉《きじ》が博多生まれだったとして、さあどう言ったものか。語源は、いずれも古語「ちと」から。

**ちゃっちゃくちゃら**　めちゃくちゃ
「ゆうべの寄り合い、げってんのおって、ちゃっちゃくちゃらたい」。室町時代ごろ、「めたと酒飲みて」、

「めたと酔うた」などの「めた」(思慮分別のないさま、むやみ、やたら)に力が入り、「めった」となる。「めった打ち」、「めった切り」など。こうして「めためた」、「めたくた」が時代につれ「めちゃくちゃ」に変化した。博多の「ちゃっちゃくちゃら」はそこからだが楽観的、それにユーモラスな響き。なに、昨夜の会合、どうせ会議はちょこっとだけ。あとは飲みごとだったに決まっている。

**ちゃん**　～だから、～だもの

形容詞「安か」、「近か」、「若か」などに付き、「うまかっちゃん」はラーメンの宣伝放送で周知度を増した。このほか「訳は話して弁解したっちゃん」、「準備しとったたっちゃん」。それがくさ……」などと使われる。横浜弁の「じゃんかよう」(じゃないかよ)に似て、「とじゃもん」、「とやけん」の約転。戦後、スピード時代生まれの新博多ことばである。

**ちゃんと**　つい、うっかり

例えば「手みやげ持ってくるはずが、ちゃんと忘れてご免ね」など。何か失敗したとき、おわびに言う。共通語「ちゃんと」は「きちんと立派に」。それをテレ隠しに使う博多流の機転が生んだ。

**チャンポン**　ガラス製民芸品

細い管先が丸く膨らみ、吹くとその薄い底が鳴る音を「ちゃ

んぽん」とも「ぴんぽん」とも聴き、そう呼ばれた。江戸では「びーどろ」、「ぽっぴん」。喜多川歌麿に、これを吹く女の浮世絵がある。

博多のそれは天保三年（一八三二）、福岡上名島（中央区舞鶴）の造り酒屋・小川宇平が、おおぜいの寄宿人のうち長崎から来た一人の特技を生かし作らせ、筥崎宮放生会に限り露店に卸し大ヒットさせた。花のお江戸と肩を並べた大ヒット。明治末期、廃絶していたが昭和四十六年に復活、このときこれをスクープした新聞が現代用字で「チャンポン」を選んだいきさつがある。

デビュー後しばらくは和製中華料理のチャンポンと聞き違える観光客が多く、筥崎宮で秋祭りに備え「さあ、チャンポンの絵付けにかかろう」と言われ、バイトのみこさんが「私、食べたばかりなんです」と答えたことも何度かあった。

**ちゃんぽんふく**　いい加減なことを言う

筑後地方ではおしゃべりを言い、五木寛之『日記——十代から六十代までのメモリー』に、女学生たちと「ちゃんぽん吹く。久しぶりに非常に楽しかった」とある。博多では有名人形師が「親方」（師匠）から「ちゃんぽん吹くな」と、おごられた修業時代に感謝する思い出話を聞いた。もう消滅語に近いだが、今もよく使われる「ちゃらんぽらん」（いい加減なこと）は「ちゃんぽん吹く」からきたに違いない。「ちゃらんぽらんなこと、言いなんな」、「～しなんな」など健在である。

**ちゅう**　～という

「何ちゅうことな、大事な寄り合いに遅れて」、「すみまっせん。それちゅうが途中で車の渋滞して……ばってん、私一人ぐらい遅れたっちゃ、どうちゅうこと、なかでっしょうもん」。古語「ちふ」（という）

による。『万葉集』にも「雨ぞ降るちふ帰り来《こ》わが背」、留守を守る女から愛する男への歌である。のちには「てふ」とも書かれる。

**ちゅういり**　カナトフグと野菜のちりなべ

小料理屋で「今夜は寒かけん、ちゅういりがよござっしょ」と出された小なべに、客たちはその呼び名について、けんけんがくがく。

明治四十年の夏、新詩社「明星」を主宰する与謝野寛は、まだ学生服の北原白秋、吉井勇ら四人を連れた南蛮紀行「五足の靴」の九州第一夜、季節はずれだが名物のイワシちりを注文し舌つづみを打った。イワシに比べカナトフグは味も値段もその上だが、「ほんぶく」（本ぶく＝トラフグ）よりも下。「ちゅういり」は「中入り」が正解である。博多ママ、客をだまくらかしたりなんかしない。➡ふく

**ちょうくらかす**　はぐらかす、からかう

「真面目に話しよるとばい。ちょうくらかしなんな」など。語幹「ちょう」について考察すると、井原西鶴や近松門左衛門作品に「ちょこちょこ歩き」、「ちょこちょこ走り」など用例がある。文政（十九世紀）のころの江戸俗謡に『おっちょこちょい節』があり、明治初年、そのリバイバルが全国に大ヒットしたという。「ちょうくる」は、この「おっちょこちょい」が生んだものか、共通語「おちょくる」と、まったく同義語である。➡おくらかす

**ちんだはんだ**　ちぐはぐ、ふぞろい

「せっかくの慰安旅行、ちんだはんだの連続やったね」、「出発する朝から、ちんだはんだで集まったもんなあ」。「ちぐ」は謡曲「鉢木《はちのき》」にも「かりそめながら、ちぐうの縁」とあり、「出会う、巡り合う」。

「はぐ」は「はぐれる」（同行者を見失う）。これがピンピンはねる撥音が好きな博多気質から「ちんだはんだ」。旅行には列車、ホテルの予約など念入りに、協力し合って「ちんだはんだ」を防ぎたい。

**ちんちく**　錦竹《きんちく》

黒田藩のころ、下級武士がこれを生け垣に巡らせたので、博多の者《もん》は「やーい、いくらお侍と威張っても、白壁の土塀までは造れまいが」。そこで「ちんちくどん」と呼んだ。これぞ博多の反骨精神、こんな愉快なニックネームは、全国に類があるまい。

だが、「ちんちく塀」は夏は涼しく冬は暖かい。それに竹筒の中まで繊維が詰まり、いざというとき鉄砲の火なわに使われた。今も錦竹を庭に植えた俳人がいる。

**ちんちろまい**　慌てふためく、てんてこまい

「おれが先日、やかましゅうおごっといたけん、あれ（あいつ）がちんちろまいして迎えたやねえ」、「娘の結婚式の近づいて、ちんちろまいしよります」などと使われる。「ちろちろ」（ちょろちょろ）の撥音便か。愉快な擬態語である。

## 《つ》

**つかあさい**　してください

「さっちが出席してつかあさい。欠席しなざったら、大事なパーティーの（が）すったりですけん」。「遣《つか》はす」（与える、賜う）の古語から。相手を立て、みずからへりくだった敬語である。

**づく**　そのままで

「グループの世話に追われて、ろくろく景色も見んづく、土産も買わんづく。すまんな」、「よかくさ。俺も餞別やら（など）やらんづくやったけんね」。福岡空港国際線出口で親友二人の会話。「づく」は「尽く」の濁音転で、ものごとが終わり果てることを言う。「なり」（そのまま）より語感が深い。⬇なり

**つくじる**　つつき回す

「虫歯は、つくじっても治らんばい。すぐ、歯のお医者（歯科医院）に行かなこて」から「そげん人のこと、つくじりなんな」。世話のやきすぎ、あら探しまで。古語「くじる」（ほじくり出す）から。

**つくばう**　かがむ、うずくまる

「暑うて気分の悪かとやろ。いっとき木陰に、つくぼうときない」。古語に「つくばふ」（平伏する、しゃがむ）がある。茶庭の手洗鉢《ちょうずばち》を「つくばい」と呼ぶのも、客が手を洗うため腰をかがめる姿になる動作から、この名詞になった。

**つののく**　気が晴れる

「よかった、ようようさんにょうの合うて、頭からつののいた」。「つ」は、腫《は》れものや傷口が治るにつれできるかさぶたを言う。「のく」は「退《の》く」で、つまり全快すること。こだわり続けた悩みもすっきり、逆の場合は「つの載る」と言う。

**つろう**　〜ただろう

「つんのうてハワイに行ってきたげなね。たいがい楽しかっつろう」。古語「つらむ」（ただろう）から。万葉歌に「思ひつつ寝《ぬ》れば人の見えつらむ」。恋人が夢に見えたのだろうというラブソングである。

**つんぐりまんぐり**　やりくり

どうにかこうにかして「まんぐり」（都合、繰り合わせ）をつけること。「つんぐり」は語調合わせの対語だろう。それとも「継ぎ繰り」か。明治時代、女の子たちの手まり歌に、「つんぐりまんぐりしよったら子がでけた」。教育ママたちから、なんと下劣なと叱られそうだが、現代感覚でなく、若夫婦がつつましく仲よく暮らしていたら、うれしくありがたい授かりものの赤ちゃんができたという歌詞。そのころの子供たち、のびのびと明るく育った。⬇まんぐり

**つんなう**　一緒に、伴う

「今度は、つんのうて行こう。どこがよかな」など。相手が単数にも複数にも言う。「連れ合う」の撥音便である。

**つんなぐ**　手をつなぐ

これも撥音便から。わらべ歌に「つんなんごう、つんなんごう、荒戸の浜までつんなんごう」。無邪気な歌詞だが、実は享保十八年（一七三三）の悲惨な飢饉を語りつぐ。博多では約六千人、人口の三分の一が餓死。人々は互いに手をつなぎ、肩を貸し合い、よろめく足を踏み締め、黒田藩庁が薄粥をほどこすお救い役所（博多浜部）に向かった。ただいまは飽食グルメ時代、感慨がわく。

## 《て》

**ていっぽん**　手一本、博多式手締め

このあと残り酒を飲むのは博多っ子の恥とされる。⬇いっぽんいれる

**てえしょうもかなわんな**　できもしないのに、身のほど知らずに

「てえしょう」は「手の性《しょう》」で、そこから手ばかりでなく身につけた実力を言う。「てえしょうもかなわんな、たいがいにして引っ込んどきやい」など。なお、類語に「目の性《しょう》のよか」（夜ふかしに強い、宵っぱり）がある。

**でけ**　できあがり具合

「今度の受験テスト、でけのよかったごとあるな」。ご夫婦、顔見合わせニッコリ。「でけ」は古くから「でき」をなまって、狂言「仏師《ほとけし》」にも「まづ、でけを拝まっしゃれい」と出てくる。

**でける**　できる

「ちびっと成績の上がったっちゃ、入学試験のでけるまで、そげん褒めたら、でけまっせんばい」などと。腫れものの共通語「おでき」も「でけもん」と呼ぶ。

**でちゃ**　でも

「いつでちゃ、何ででちゃ、遠慮せんな頼みんしゃいや。お互い、ちんくその仲やろうが」など。共通語「でも」は古語「にても」が詰まった形で、狂言「今参《いままいり》」に「やいやい、水でもくれたらば取り返せ」とある。博多では、それがさらに転じ

て「でちゃ」になった。
もっと強調する場合は「でっちゃ」と促音便に対語が付いて「いつでっちゃ、かつでっちゃ」（いつもかつも）、「なんでっちゃ、かんでっちゃ」（何もかも）となる。

**てちんごう**　子供の手遊び
「教室で、てちんごうやら（など）しちゃ、でけんばい」。浄瑠璃「夏祭浪花鑑《なにわかがみ》」に「まだいとけなき（幼い）市松は、親の嘆きも白洲の小石、拾ひ集めててんごう」とある。その「てんごう」（手でするいたずら、手なぐさみ、ばくち）から。

**てなんかけ**　もうすぐ、そこそこ
元気に社会奉仕や生涯学習に励む高齢者が、年齢をたずねられたときなど「はい、お陰さまで九十歳に、てなんかけですたい」などと。「てなんかけ」は「手投げ掛け」。肩甲骨を指し、そこそこに手が届くからとされる。

**でべそ**　外出好き、出しゃばり
「私が出べそで、いつも留守にしてすんまっせん」、あるいは「また、あの出べそが出てきとるばい。ちったあ場所柄もわきまえて欲しか」など。出産医療が進歩する以前、赤ちゃんのときからへそが人並み外れて大きく飛び出ていた「出べそ」も今は昔のことだが、その言葉はまかり通る。

**てぼ**　小さな竹かご
「手かご」のなまりから。「お潮井てぼ」がよく知られ、かごの下部が膨らみ、これだと揺れても真砂がこぼれない。これとは別に、彩色した「花てぼ」は、花をつんで入れたことから。こちらは膨らみがない。

↓おしおい

**てれーっと**　ぼやーっと

「てれーっとしとらんな、早う仕事にかかりないや」。共通語で「でれつく」は「でれでれ」（①異性に心を奪われ、だらしないさま、②遅鈍で気のきかぬさま）を語源に、もっぱら①の語義で使われる。それに対し、博多では②を意味し、濁音が清音化され、「てれーっと」、「てれてれ」になったものだろう。

**てれんぱれん**　ぶらぶら何もしないで

「てれんぱれんしとかんな、本気で働きなさい」などと使われる。「てれん」は右記の「てれ」から。「ぱれん」はそれを強調する対語と思われる。

**てんきんぶし**　正調博多節

代表的博多民謡だが、節回しが難しく、人前で歌えるまでには年期がかかる。支店長さんらがようやく習い覚えたころには東京本社重役に転勤するというので生まれたスラング。歓送会の記念品は何だろう。「博多くるときゃ一人できたが、帰りゃ人形と二人連れ」の歌詞もある。

**てんてれやすう**　気易く、簡単に

「お兄ちゃんな、てんてれやすう入学試験、入社試験に合格したとじゃなかとばい」など。「でけ」のいい兄《あん》ちゃんを持つと、弟妹たちは苦労する嫌な受験戦争時代である。語源は、いずれも「てれ」から。昭和十二年、日中戦争開戦後、小学生たちのなぶり言葉に「てれっと部隊の部隊長」というのが、どこからか、はやってきた。そのころを思い出し、微苦笑する人も多いはずである。

**てんとうばえ**　実生《みしょう》、種をまいてないのに生えて育った植物

「うちの庭にフヨウの木のてんとうばえしてくさ、それが『福岡市の木』に選ばれたったい」。それはきっと小鳥のアポに混じって運ばれてきた。「てんとう」は「おてんとさま」で、輝く太陽の恵み。大自然と人が共栄する摂理を言うに違いない。

**てんない**　してみなさい

「てれてれしとらんな、ちっと頑張ってんない。そげなこと、案外てんてれやすう、でけるかもしれんばい」など。古語「てむ」は可能性に対する推量を表し、『古今和歌集』に「いま幾日《いくか》ありて若菜摘《つ》みてむ」（もう何日したら朝菜を摘むことができるだろう）。それを「ない」（なされ→なさい）と勧めている。

**てんろう**　みよう

「見てんないや」、「うん、そんなら見てんろうか」など。「ろう」は古語「らむ」の口語形で推量、想像を表し、狂言「花子《はなご》」に「雨降る夜は誰《た》が濡れて来《こ》うずろうに」。

## 《と》

**と**　①〜のもの（所有を表す）、②動詞などを受け、そのこと、③名詞などに付き、そのこと、その人、④〜のか（疑問を表す）、⑤〜のよ（断定的終止形）

古語「の」と同様に使われ、①は「これ、だれんとね」、「それ、うちんと」など。『古事記』に「乙女の床の辺《へ》」とある。以下それぞれの用例と古語「の」の場合を古典に見ると、②は「置き忘れたとの見つかった」。狂言「絹粥《ひめのり》」に「好いて読むのは源氏、平家物語」。③は「うちんとと行列しとったら、ほかんとが割り込んできて」。『道中膝栗毛』に「もし、上方の、ちとここは」など。④は「あんた、それで腹かかんやったと」。これは狂言「鹿ぞ鳴く」に「何とやらでござったの」。⑤は横のご主人が「よかと。お陰で忘れ物の出てきました。よかとです。おおきに」。説明が長引いたが、要するに古語「の」がなまったとと言えよう。

**とい**　～のに

「用意しとったとい、ちゃんと忘れて置いてきてしもうた」など。古語「の」は「であるが、しかし」の意を示す場合にも使われ、『源氏物語・明石』に「をかしきものの、さすがにあはれと聞き給ふ」とある。「とい」は「のに」が転じたのだろう。「とい」は、はっきり「とに」、「とにから」と言うこともある。

**とう**　～している

博多出身の俳優・武田鉄矢がテレビ放送で「うっかり空席に座ろうとすると『そこ取っとうと』と声が飛び、トコトットットと鶏でも呼ぶ声かと思う人もいる」と紹介したことから、全国に知れわたり、『知っとうね福岡・博多』という地元紹介単行本、ビデオも製作された。博多生まれは「とる」を「とう」となまる。

古語に「ゐる」（座る、そこに居る、とどまるなど）があり、万葉歌に「立ちてもゐても君をしぞ思ふ」、また「渚《す》にゐる鳥の」などがある。この「ゐる」は、やがて「をり」に転じて中世以降の文献に現れるという。九州ではこちらを選び「しておる」→「しとる」、さらに博多では「しとう」の音便となり、すべての動詞に使われる。

**どうしこうし**　どうにか、やっと

「とうなか計画やったばってん、どうしこうして頭からつののきましたばい。安心してつかさい」など。別語「どうちゃらこうちゃら」というのも、まったく同義語だが、少しおどけた感じがする。「どんぶりこんぶり」は、もう消滅語に近い。⬇つののく

**とうなか**　途方もない

「とうなか、れっぱ（立派）な物ばいただいて、すんませざったなあ」など。とうなかごとあった探索コースだが、語源はもうご推察どおり、「途方もなか」の約転である。

**とうじんねんねこ**　いちばん上等なねんねこ

いつも家の中や近所の買い物に、赤ちゃんを背負って着たのが、その形から「がめ（亀）さんねんねこ」。座布団型の綿入れに襟《えり》がつき、上下のひもを母親が前に回し結んだ。少し改まった外出には袖《そで》、前身ごろ、裾《すそ》も長い「ねんねこ」。なかでも最高品が「とうじんねんねこ」、おばあちゃんの上等な着物で作ったという。

「唐人ねんねこ」、「唐人負い」の姿は消えたが、年配者の思い出に生き生きと残る。「唐」すなわち「上等舶来」を意味した庶民感覚を示し、忘れ去りたくない言葉の一つ。鴻臚館のころ遣唐船は十五回すべて博多湾から、室町時代には明《みん》国との貿易に日本の表玄関だった歩みがある。

**とうのまめ**　そらまめ

「ジャガイモ」はジャガタラ（現インドネシア・ジャカルタ）、「といも」、「琉球いも」、「さつまいも」はそれぞれ唐、沖縄県、鹿児島県など原産地や由来コースを示す。夏まっ盛り、ビアガーデンで「とうのまめ」と注文する部長さんに、連れのＯＬさんたちはクスクス笑う。

**とおりもん**　通り物

博多どんたく余興隊はじめ宣伝行列など、家々の表をはやしながら通る一行を総称する。黒田藩時代、一月十五日、年賀のため伝統ある松ばやしに従う通りもんは一緒にお城に入るのを許され、殿様、重臣を前に無礼講でもてなされた。

古くからの慣用語に「あとは猿の通りもん」。現今もパレード見物に、さっさと人垣を離れられかねない。博多っ子は口も悪いが、芸能を見る目も肥えている。

**どげな**　どのような

「あげな」、「こげな」の疑問形で、「あんばいは、どげなふうな」と、おじいちゃんがさっそく孫ちゃんの部屋をのぞく。そして……。

**どげん**　どのように

「あげん、こげん言うても、どげんもならんばい。早う寝かせときない」などと世話をやく。

**どしこ、どがしこ**　どれほど

「ああた（あなた）が薄着のまま、やや（赤ちゃん）ば連れて天神町《てんじんのちょう》（現中央区天神）やあら、さるき回って、どしこ心配したもんな。風邪ひかせんやった

な」と、おばあちゃん。「どれしこ」の約転である。

**どしれんこと**　途方もない、訳の分からないこと

「ど」は古くから程度が強く、ひどいことの接頭語で、共通語にも「ど真ん中」、「どぎつい」、「ど根性」など。語源は「ど知れん」（得体の知れない）から。

**とつけむなか**　法外な、とんでもない

「とつけむなかごとあったばってん、今度のイタリア家族旅行、よかったあ」、「そやけん、こげなとつけむなか土産ばくれたったいね。おおきに、おおきに」。語源は古語「とつおいつ」（あれこれ考え迷うさま）の否定形。つまり思いを決めた「法外な」ことを言う。

**ととさん**　父親

「おとっつぁん」、「おとっちゃん」ともども「お父《とう》さん」が「標準語」とされて以来、今では地方語。明治の子供たち、来客に「ととさんな、ござるな」と聞かれると、「ござれん。油山（現城南区）の崩《く》えよるけん、線香持って、つっ張りい行った」と答え、ペロリと舌を出したげな。博多にわかの町の子供たちである。

**どひょうがんな**　常識はずれ、とっぴな

相撲の「土俵外な」からとされるが、それよりも上方語《かみがた》「とひょうもない」（途方もない）からではあるまいか。『浮世風呂』にも「失《う》せるはずはないがの（略）とひょうもない」とあるので、それほどひょうがんな推定でもあるまい。

**どべ**　泥土、また競技で最後尾どんじり

運動会を前に「また、どべかいな、うちの子」、「さあ、どべにはならん言うとりますが」と親たちは気がもめる。今年は頑張れよ。「どべ」は、どべどべした泥土。だれしも嫌な感情にとらわれる。それが、どんじりを表す「どべ」にもなった。共通語では「びり」、「びりっこ」。

**どろんけん**　泥酔のさま

博多ことばで酔っぱらったさまを「泥のコンニャク」。べろべろになった様子を、よく表す。それが語源かとも考えたが、さらに思うとドイツ語「トリンケン」、英語「ドリンク」がある。

明治のころ、博多赤間町（現博多区店屋町）の大工・坂本卯平は無類の酒好き。ある日、一杯飲み屋に顔を出すと、店主が狂歌「貸しますと金とり立てに困ります、現金ならば安く売ります」の張り紙。卯平、即座に「借りますと貰うたように思います、現金ならばよそで飲みます」と詠み返し、ぷいと消えた。この人、「泥ん軒」を雅号に名乗ったという。

**どんたく**　五月、博多三大祭りの市民カーニバル

「どんたく」はオランダ語「ゾンターク」（安息日、休日）の舶来語。幕末、仮名垣魯文《かながきろぶん》のしゃれ本『安《あ》愚楽鍋《ぐらなべ》』に早くも「ドンタクに五人一座（一緒）で」とある。明治初年に流行した大津絵節には「おいおいに開けゆく（略）乗合馬車に人力車、日曜ドンタク、煉瓦《れんが》造り……」。同十八年、坪内逍遙《しょうよう》のベストセラー『当世書生気質』になると「や、いかん、いかん、時計はドンタクじゃ」。機械の故障を表した。

そのように意味も少しずつ変化し、地方により「のらくら者、おろか者」（静岡県）、「ばくち、女郎買い」（広島県）のスラングとなる。当時は勤労こそ最大の美徳。仕事休みは罪悪視され、また休日といえば男たちの慰安は、それくらいだった。それらに比べ、博多では明治末期、松ばやしをハイカラにそう呼

んだ。言葉自体にとっても名誉極まることだろう。

**とんとん**　福岡武家の息子への敬称

すでに消滅語に近いが、ときたま古老たちが「あっちは、おじいちゃんの、そのまたおじいちゃんな（は）福岡のとんとん育ちじゃったげな」など。「殿々《とのとの》」からとされる。

**とんば**　ヒラアジの稚魚

煮つけにして美味。人により「とんま」（のろま、間抜け）と呼ばれるのは、ちとばかり気の毒なようである。

**とんびとんび**　とびとび

博多っ子が好きな撥音便の典型例。「お客さん、とんびとんび言わんな、配達はまとめて注文してつかさいや」などと。

**とんぴん**　ひょうきん、軽薄

「まーた、あれ（あいつ）が、とんぴんついとるばい」、「とんぴんさえつかんなら、よか男ばってんねえ」。これまた「とっぴ」の撥音便、すぐ推察がつく。

**ドンポ**　ドンコ。カワアナゴ科の淡水魚

「本州中部以西の川、沼に多く、黒褐色で目玉と口が大きい。わらべ歌に「石垣ドンポ、つら出すな、つら出しゃ釣らるる、わが損たい」。こいつ、何度釣り落としても、すぐまた食いついてくる。そこから何にでも見さかいなく興味、関心を示し乗り出すことを「ドンポハゼのごと」と言う。また、いつも理屈の通らぬことを押し通す者のニックネームに「ドンポ」。

# な行

## 《な》

**な** ①〜は、②〜ねば、③〜なら

①は「中国旅行した者《もん》な、楽しかっつろう」、「天安門な、にぎおうとったらしか」など。古くは撥音「ん」の下にくる「は」を「な」と言ったようで、狂言「酒餅」にも「当年《とうねん》（今年）な、それがし一人《いちにん》にて、さびしいことでござる」とある。古語どおりの用法で「てんどんな、まーだな」と言うが、「スパゲティーな」とは言わない。

次に②は「早う行かなばい」、「肥料やっとかな、育たんばい」など。古語「な」には念押し、あるいは他人への願い、期待を表し、万葉歌に「菜摘ます児《こ》に家聞きな（娘さんに家を聞きたい）」とある。③は「走って行ったな間に合うばい」、「そげなもん食うたな、腹のせくばい」など使われる。「ならば」の約転である。

**ない**　～なさい

「行っとけ」は、ちと乱暴、「行っときやい」は親しい仲。「行っときない」、「行っときないや」になると、もっと丁寧。時と場合、気分によって言葉遣いは変わる。「ない」は古語の敬語「なれ」による。

**なえる**　弱る、疲れ果てる

「ほーら、水やらんけん、チューリップのなえとろうが」ぐらいならいいが、「働きづくめに心配ごと、もう、なゆるごとある」になると深刻だ。

古語「萎《な》ゆる」がルーツで、用例の前者は『枕草子』に「葵《あおい》かづらも、うちなえて」、後者は『竹取物語』に「手に力もなくなりて、なえかかりたり」とある。

**なおす**　収納する

福岡市東京事務所長から「このカメラ、なおしといて」と言われ、現地採用の東京娘はモジモジと「あのう、私できないのです」。同音異義語は、やっかいだ。

博多ことば「なおす」は、共通語の「修理する」のほか、しまっておくこと。辞典に、①元どおり正しくする、②修理する、③病気を治すなど、えんえんと続き、やっと十五番目に「西日本地方で納める、片づける」とあったので、やれやれと辞典を本棚になおした。

**なか**　ない

博多ことば番付の幕内格。「そげなこと、なかばい」、「なかろうばってん、それば聞いてくるるとが友情やなかね」。古語「なかり」（なくありの約）の「り」を落とした語形である。県内では「ねえ」と通音転する所が多い。

**なからな**　なければ

「社長っ、もっと社員に優しゅうなからな、社員な付いてきまっせん。社長がそうでなからな、私も辞めますっ」。茶坊主ぞろいの役員でなく、こんな諫言《かんげん》、助言がなからな、ますますの社業発展な期し難かろう。傍点部分な撥音便「ん」のあとの「は」は「な」となることのレッスン。

「なからな」は「なくあらば」の約転で、おっと要注意、この「なし」は否定語「無《な》し」どころか、はなはだしいことを表し、現代口語に「はしたない」、「せわしない」（せわしい）などがある。

**ながれ**　博多独特の町内ブロック

博多山笠の観光客が「恵比寿流」、「大黒流」などの看板に、「さすが芸どころ。知らない流派が多い」と感心したとか。天正十五年（一五八七）、九州を平定した秀吉は「博多町割り」（戦災復興・都市計画）の大号令を下し、町を七つのブロックに分け団結と融和の温床とし、町人自治を許した。僧たちの七条の袈裟《けさ》になぞらえ平穏発展の祈りをこめたという。この中世の住民組織が現在も継承され、山笠や松ばやしの運営母体。全国に珍しく、前者は国、後者は県の無形民俗文化財。

**なし**　なぜ、どうして

明治ごろ、子供たちが「なしな（なしか、なしやとも）」と言い争いになると「ナーシも、カーキも放生会《ほうじょうや》」でするりとかわした。現在では筥崎宮秋祭りのキャッチフレーズ。語源は「なにしか」（どうして、どういう訳で）から。万葉歌に「なにしか君が見るに飽かざらむ」の一言。

**なっと**　～でも、～だけでも

久しぶり天神で出会った二人、「珍しゅう、なんごとな」、「暇やけん、本なっと読もうと買いげ来た」、

「お茶なっと飲もうえ」。きっと近いうち飲みごとの約束が交わされるに違いない。古語「なりと」は、だいたいのところを挙げるのに例を出して、また一部分を挙げて他をも暗示して言う。これが促音便で「なっと」になった。

**なば**　キノコ

ぬるぬると滑らかなので「滑《な》め生《は》える」から「なば」。共通語「キノコ」は木の幹や、その近くにはえるので「木の子」から。大正初めまで、御笠川を東に渡れば赤松、黒松二万本が続く「千代の松原」。マツタケのなば狩りでにぎわった。その松原は大正末年、マツクイムシのため全滅した。環境保全の教訓、ここにもある。

**なり**　～ままに

「あんなり」、「そんなり」、「ご飯、食べんなり」、「銭ば借ったなり」などと使われる。古語「なり」の語義の一つにその状態や形を表し、これは「身なり」、「曲がりなりに」の共通語に見られる。そこから「行ったなりに」のように「～ままに」という意味にもなった。それが博多では、さまざまな場合に使われる。強めるときは「なりい」となる。

**なる、なさる**　～なさる

「家族旅行に行きなると、よかねえ」、「あら、そっちこそ行きなったばっかりじゃなかね」。古語「なる」（おなり、お出まし）の敬語は平安時代、源頼政《みなもとのよりまさ》の私家本に「行幸《みゆき》なり侍《はべ》り」などと見える。それが江戸末期から明治にかけ「お行きになる」、「お買いになる」の語形になった。博多では尊敬というより親しい仲の丁寧語のニュアンスで、日常一般に使われる。

一方、「なさる」も古くからの敬語で、狂言「萩大名」にも「あれへお出《い》でなされたらば、お褒めなされませ」とある。博多では濁音転して「お芝居見に行きなざると。よござすなあ」、「おじいちゃまの行きなざるけん、お守り役ですたい」など、「なる」より一段と丁寧になる。

**なんかかる**　寄りかかる、もたれる

「幹事さん、席順やら気にしなすな。上座より、ここが壁い、なんかかられて楽ですけん」。壁や塀だけでなく、親や他人にもたれかかることにも。「投げ掛かる」の撥音便である。

**なんかなし**　必ず、とにかく

「なんかなし、お願いします」など、「さっちが」と同義語。語源は「なにかになし」から。これまで、このあと、いくつかの博多ことば「なん」はすべて「何《なに》」の撥音便。なんかなし、博多っ子は元気じるしの撥音が好きなようだ。

**なんごと**　なにごと

「なんごとかいな、今夜の花火の音は」、「ああた、なんごと言いよると、ちゃんと新聞に出とりましたろうもん」。もう説明するまでもなく、これも「なにごと（何事）」の撥音便。

**なんたらかんたら**　なんだかんだ

「なんたらかんたら言うたっちゃ、でけんもんな、でけん」などと使われる。

**なんけ**　なんだ、なぜだ

少し乱暴な表現で「なんけ、それがどうしたとや」など、いくらか怒気を含む。「なしな」、「なんな」に比べ、返事次第で腹かかせると、おおごとになる。

**なんぼ**　どれほど、いくら
近松浄瑠璃「心中二枚絵草紙」に「なんぼ不幸になるとても」。博多どんたくテーマソングに「もーし、もーし、俥屋《くるまや》（人力車夫）さん、ここから柳町（花街）や、なんぼです」、そのあと「大勉強（大サービス）で十五銭、三銭にまけとけ、あかちょこべ」。明治末、江戸わらべ歌を導入した一番目の「ぼんち、かわい、ねんねしな、品川女郎衆は十匁《もんめ》」に比べ尻取り歌詞でなく追加作だろうが、なんかなし人々は浮かれ立つ。五月の連休中、参加者三百チーム二万人、観客二百余万人、日本一のにぎわいとされる。「なんぼ」は「なにほど」を表し、大阪以西に分布する。

## 《に》

**にあがり**　図に乗ったお調子者
「あの男は、にあがりやけん、こらえてやんないや」など。三味線の調弦法の一つに、本調子の二の糸が一音（二律）高い調子を「二上がり」と言う。そこからこう呼ばれ、「とんぴん」と同義語。あまり憎々しい感じはなく、その人、むしろ周囲の愛敬者である。

**ニイジン**　ニンジン
「お雑煮にはニイジンば、花の形に刻んで入るる」、「そげな物《もん》入れたら、水っぽうなってつまらん」。論議はさまざま。家ごと、おふくろさんの味を大切に、どうぞご自由に――。

**にき**　そば、わき

「あいた、そこんにき置いとった鞄《かばん》の、のうなっとる」と言えば困った事態だが、「あんが、遠慮せんな、もっとあの人が（の）にきい座りんしゃいや」となると、ほほ笑ましい。「にき」は古語「ねき」（根ぎわ）からの上方《かみがた》語。筑後地方一帯では、そのまま「ねき」と言う。

**にぎり**　けちな人

入ってきた銭や物を一度握り締めたら二度と手放さないことことから。類語「にぎりきんたま」は、他人のため何もせず、知らぬ顔をする傍観者のこと。「だめ、だめ。寄付やら頼みなんな。あの人、にぎりきんたまやけん」などと。漢語「拱手《きょうしゅ》傍観」（手を組み、そばで見ている）より迫力がある。

**にくじゅう**　いたずら、邪魔、おせっかい

「今日の運動会は、にくじゅう（あいにく）な天気ばい」から「友だちに、にくじゅうしたら、でけんばい」など。「憎し」（嫌だ、快くない、難しい）を語幹に「憎まれごと」の転化だろう。

# 《ぬ》

**ぬっか**　あたたかい

「この冬は、ぬっか日の続いて、よかねえ」、だが寒波が訪れると、「夕ご飯な、ぬっか物《もん》がよか。ぬくもって早う寝るばい」の会話となる。古語「ぬくし」は平安中期の女流歌人・相模《さがみ》の歌集に「下氷けぬくくならば」の一首があり、あたたかいこと。その「ぬくくあり」→「ぬくかり」の「か」が落ちて「ぬくか」が、さらに促音便で「ぬっか」となった。「ぬくし」、「あたたかし」は、共に「ぬくい」、「あたたかい」の現代口語になったとされる。

ところが、ここで「ぬくい」は東京では「ぬくぬくと」（楽に、ずうずうしく）ぐらいは言われるが、その他にはすべて使われないという。首都圏でそうなら、もはや「ぬくい」は共通語とは言えなくなったようである。現代用字で「暖かい」は気候や部屋の温度。人の心や、もてなし、体や懐具合、食べ物には「温かい」と表記される。

**ぬべる**　湯に水を加え温度を下げる

「おーい、ふろの水ば、ぬべてくれ。熱うして入られん」。そんな亭主関白、もう通用しない。浴槽設備も改善進歩した。だが、おじいちゃんが孫と一緒の入浴のたび、おばあちゃんは「熱すぎたら、ぬべるとばい」と声をかける。語源は「薄べる」→「ぬべる」だろう。

**ぬれっと**　つかみどころがないさま

この言葉、ひとくちに説明しにくい。気付かぬふり、無反省に厚かましくなどミックスされたニュアンスで「あの人くさ、年次会費は三年も滞納しとるとい、ぬれーっと出席しとる」、「あいつも、しかしか手伝いもせんなり、ぬれーっと打ち上げ（慰労宴）にゃ出てくる」など。「ぬるりと」の転か。まるでウナギのように、ぬるぬると扱いにくい。

## 《ね》

**ねこじんしゃく**　うわべ、あるいは必要以上の遠慮

「やれやれ、今度の祝賀会、ご本人がねこじんしゃくさっしゃるけん……」、「ねこじんしゃくされたら、せっかく発起した者《もん》の困るけんね」などと。漢字で「斟酌《しんしゃく》」と書けば分かり易い。先方の事情、心情を察し、ひかえめにすること、遠慮、辞退。それに「猫」が付いた。猫ちゃんが前脚を顔に当て、体をくねらせるポーズを、それに見立てた。明確なイエス、ノーが博多好み。「ねこじんちゃく」とも言う。

**ねじくる**　なすりつける、責任転嫁する

「ほら、鼻くそやら（など）洋服にねじくらんとばい」、また「上役の失敗ば、ねじくられてしもうた」など。「ねじつける」からきた。語源は古語に「にじる」（押しつけ、ねじ回す）がある。

**ねじもこじもならん**　どうにも動きが取れない、破局

「話のこじれてしもうて、ねじもこじもならん。たいがい好き合うとろうばってん、諦むるほかなかばい」と仲人さん。こんな場面は迎えたくない。「ねじ」は古語「にじる」から。「こじる」も共通語「こじ

かして欲しいものである。

開ける」のように「ねじる」の同義語。それらを重複させて「ねじもこじも」。仲人さん、そこをどげん

**ねずむ**　つねる

「ねじつむ」の約転とされる。「つむ」は「つねる」の古語で、『源氏物語・東屋《あずまや》』にも「手をいと（ひどく）いたく、つませ給ひつる」とある。母親や兄姉から、叩くのではなく、ねずまれた記憶は年配者に懐かしい。恋仲の女性から、何かの合図に手や尻を軽くねずまれた思い出もあるに違いない。

**ねだおとし**　訪問先・客席での長居

「今日は、ねだおとしして、すみまっせん」。根太《ねだ》は床板を受けるため、床下に渡す横木を言う。それを落とすというのである。博多のしきたりでは新築の家に初めて就寝するとき、「寝るぞ根太、頼むぞ垂木《たるき》（棟から軒に渡す木）、むこうざし、なにごとあらば起こせ棟の木」と唱え、平穏であるよう祈る。「むこうざし」は意味不明。地方によって「壁、障子」や「梁《はり》も聞け」と唱える。もうマンションにはそぐわない文句のようだが、不眠症のまじないにヒツジを一匹、二匹と数えるのより効き目があると言う紳士もいる。

**ねぶりかぶる**　ぐっすり眠る

「ねぶる」（眠る）は古くから『竹取物語』にも「竹取の翁《おきな》（略）ねぶりをり」と用例がある。目が覚め、竹の中から得て育てた美女かぐや姫を巡り、五人の求婚者のドラマが展開、八月十五日、月の世界に戻る。ただいまでは「またねぶりかぶって……もうすぐ入学試験、大丈夫ね」。

**ねぶる**　なめる

古語「ねぶる」（なめる、しゃぶる）そのままを受け継ぐ。

**ねまる**　腐る

「ほら、また魚のねまっとる。冷凍庫い入れとかんけん、ねまらかすったい」。ルーツは「粘《ねば》る」からとされる。

**ねんかける**　願っておく

「よかったねえ。ねんかけとった試験のでけて」など。「ねん」は「念入り」、「念願」の現代語から「思い、かねての願い」と、すぐ察しがつく。類語に「ご念の入って」は相手が心をこめたもてなしに言い、「すみまっせん」、「おおきに」と続く。ときには作品展に「ご念の入っとる割《わり》い、でけの悪かねえ」など、辛口にも使われる。博多っ子は明るく陽気なようだが、その率直性から口が悪い。

## 《の》

**の**　～が

「庭い蜜《みつ》のあるツバキの咲いて、メジロのいっぱい来る」、「よかねえ、雨の降ったっちゃ来るとね」と春の会話。古語で「の」は主語を示し、『枕草子』にも「男君の来《こ》ずなりぬる、いとすさまじ（興ざめなものだ）」とある。ところが同書は「が」も主語を表す用法を見せ、「思はるる（愛される）思はれぬがあるぞ、いとわびしきや（実に情けない）」ともある。その古い言い方である。

**のいて**　～せずにおいて

否定語に付き、「よう知らんのいて、偉そうなこと言いなんな」、「人の前でガミガミ言わんのいてよ」など。「において」の約転から。促音便で「のって」とも使われる。

もう一つ、別儀語で「のって」（ので）がある。古典にわかで「兄《あん》じょうに言われたにのって」などと使われる。これは「によって」の約転とされるが、もう一般には使われず、消滅語すれすれにある。

**のく**　〜せずにおく

「そんなら、もう言わんのくたい」、「そうそう。つまらんことは、言わんのくとが身のためばい」など。これも「におく」の約転である。

**のうなる**　なくなる

「あいた、よか物《もん》な売り切れて全部のうなっとる」。他動詞「なくす」ことは「のうなす」、「のうならかす」。「なくなる」の音便で、物品だけでなく、人がなくなることにも使われる。

**のふうぞう**　不作法な、横着な

「あの男、のふうぞうやけん、もう今度から、かたせんのく」など。古語に「ふうぞく」（しきたり、身ぶり、身なり）があり、そこからきた「のふず」、「のふうず」は無作法、放埒《ほうらつ》、のほうずなこと。浮世草子『御前義経記《ごぜんぎけいき》』に「のふずも事によるぞかし」。漢字で「野風俗」と書けば分かり易く、「野」は田舎の、正式でないことを表す。これが語源とされる。

**のぼせもん**　のぼせ者《もん》

共通語で「のぼせる」は上気する、血が頭へのぼることから「人いきれにのぼせる」など、そこから転じて、理性を失う、逆上すること、また夢中になること。博多ことばの「のぼする」は「のぼせる」の通音転で、強調するときは「のぼせ上がる」、「のぼせ回る」、「のぼせくり返る」など。

これが山笠、どんたくなどになると、「のぼせもん」の天下となる。「あっち（あの人）は、のぼせもんやけん、任せときゃあよか」、「あたきゃあ、のぼせもんやけんな」など、極めて好意的、自信満々と使われる。山笠、どんたく、いずれも多くの「のぼせもん」が支え、これを自叙伝の書名に選んだ知名人もいる。博多には明治中期から末期、鉄道、電灯、電車、大学誘致など「のぼせもん」が奮起し、ようやく九州第一の雄都・福岡市への「念かけ」を果たした歩みがある。

# は行

## 《は》

**ば**　～を

「なんば、しよるとね。早う、それば持ってきてよ」。古語では動作や作用の対象を示す「を」を強く言うとき「をば」になった。『古事記』に「汝《な》が女《むすめ》をば吾《あ》に奉らむや」。イエスと言われ素戔嗚尊《すさのおのみこと》は頭が八つある大蛇を退治した。また『徒然草』に「たがひに言はん事をば」。明治生まれの作家・永井荷風は作品に「をば」を多用している。

博多っ子は威勢がよく、少し短気でもある。この強調語がすっかり気に入り、そのくせ「を」を省略してしまった。薩摩弁には健在で、その季節ごと友人から「ニガゴリ（ニガウリ）の種をば送ります。まいたら毎日、水やりをば忘れずに」と電話が入る。

**ばい**　～のだ、～のよ

用例は、たびたび紹介ずみ。歌舞伎「韓人韓文手管始《かんじんかんもんてくだはじめ》」に「書いて下さんすりゃ嬉《うれ》しいわいなあ」とある江戸時代の感嘆詞「わい」からとされる。博多では動詞すべての断定的終止形に使われる。

**はがいか**　じれったい、悔しい

「指定席の取れんな、はがいかなあ」、「はがいがらんな、自由席でこらえとこうえ」など。語源は古語「はがゆし」で、歯がかゆいような心情。激しく痛みもしないが、治りもしないときの思いである。強調して「はがいたらしか」、「はがいげなか」とも言う。

**ばかう**　奪い合う

「ばかわんな、かってりごうしい、しんしゃいや」、「ばかい合うとが嫌やけん、指定席ば張りこんだ」などと。そのルーツだが、「奪う」を強く言うとき「う」が吹き飛び「ばう」となり、「ばい交う」が「ばかう」になったのではあるまいかなどと推定してみた。「ばかう」は「場買う」で、場所を取り合って占有することからとする説もある。

**はがため**　歯固め

旧家の元日、皿にユズリハ、ウラジロ、干しイワシ一匹、それに二センチ角、長さ五センチに切ったダイコン二片をめいめいの膳に飾り、お雑煮より前、このダイコンをかじる。奈良、平安のころ、朝廷では歯は齢《よわい》に通ずるとして、もち、干したアユ、シカ肉、ダイコンなど堅い物に歯を当て長寿を願う儀式があった。『枕草子』に「齢を延ぶる歯固の」、また紀貫之《きのつらゆき》の『土佐日記』にも「芋もあらめ（海草）、はがためもなし」と、京都に帰任する船内での不自由な元日を記している。博多のほか長崎県下の干したダイコン、柿によるセレモニーは、民俗学的に全国でも貴重とされる。

**はくせん**　くしゃみ
「ほら、はくせんの出たろうが。もう一枚着とかな風邪ひくばい」などと使われる。単純明快、くしゃみの声「はくしょん」からである。

**ばし**　～のように
「知っとるばしして」、「買うばしして」など。ほかに「酒ばし飲うだごと」、「顔ばし洗うて酔いばさましんしゃい」など、「でも」の意味にも使われる。この「ばし」は推量、疑問、条件、禁止を表し強調する古語で、『更級日記』に「釜《かま》ばし引き抜かれなば、いかにすべきぞと」、また『平家物語』に「これぱし出し参らすな」とある。

**ばすのぬくる**　気をそがれる、張り合いがない
「ごっつぉうば準備して待ちかねとったら、客は来られんげな。ばすのぬけたやね」、「先日の同窓会、出席者は、ちょぼっと。ばすのぬけた」など。「ばす」は「はず」（弦）の濁音が上にずれた。弓の両端に弦《つる》をかける部分を、また矢をつがえるとき、弦からはずれないよう、矢の末端に付ける部品を呼ぶ。こうして「はず」と弦とはピタリ合うことから室町時代以降、「当然のこと、ものの道理」、また「約束、予定」を表す「筈《はず》」という言葉になった。その「はず」が抜けたのである。

**はずはず**　ぎりぎり、すれすれ
「風呂の水のはずはずになっとった」、「終電車、はずはずで間におうた」。「端々《はしばし》」からよりも、古語「はず」（破れる、壊れる）からではないだろうか。

**はったいご**　煎《い》り麦の粉。

新麦が収穫されると、農家のおばさんたちが包みを背に、行商に訪れた。年配層に懐かしい季節の風物詩。砂糖を混ぜ、鼻息で粉が飛ばないよう少しずつなめる。うっかりこぼして、おっかさんから「ほら、畳にノミのわくばい」と叱られなかったじいちゃん、ばあちゃん、たぶん一人もいまい。古語「はたく」は「つき砕く、こなごなにする」こと。煎り麦を石うすでひいて作ったので「はたき粉」→「はったい粉」。その粉の濁音転。共通語は「はったい」である。

**ばってん** 〜だが、しかし

「買いげ行ったばってん、手の出らんやった」、「ばってん、悔やみなすな、バーゲンのあるくさ」など。「長崎ばってん、江戸べらぼう」、「長崎ばってん、肥後ないない」など言われるが、博多ことばの番付でも大関格。大正初め、現中央区天神にあった市民広場を「抜天運動場」と呼び、最初の社会人野球チーム「抜天倶楽部《くらぶ》」のホームグラウンド。しゃれた洋画専門「バッテン館」もにぎわった。古語「ばとて」から。筑肥、豊後から遠く飛び、秋田、佐渡でも使われるという。

**はねごし** 贈り物のたらい回し

「メロンば、うんとこもろうて喜んだばってん、中身はドロドロ。おおかた、はねごししたに違わん」。素通りさせ、よそに回した「跳ね越し」から、そう呼ばれる。

**はまる** 身を入れる、精を出す

「今度は、はまってやろうえ」、「うん、まちっとはまらなね」。五月のどんたくを控え、町角で聞いた若者たちの会話。共通語「はまる」は「落ち込む、陥る」の古語どおり「溝にはまった」、「計略にはまった」などと使う。博多ではそれも言うが、本腰を入れることにも言う。さっきの会話、よそから来た人が聞いたら、どう思っただろうと、おかしくなる。

**はよう**　早く、速く

「まちっと早う起きんと遅刻するぞ」、「大丈夫、速う走って行ききるけん」などと。もっと急がせるときは「はよ、はよ、ご飯食べて鞄《かばん》持って」となる。

**はらかく**　怒る、腹を立てる

「もう腹かくばい」、「腹かきなんなや」。そんな会話を聞き、「腹がかゆければ、掻《か》けばいいのに」と思ったという人は意外に多い。古くから人の本心や胆力、それに度量は腹の中にあるとされ、古語に「腹悪《あ》し」（短気で怒りっぽい）、「腹が居《い》る」（怒りがおさまる）などがある。それらのうち「腹が立つ」（怒る、立腹する）は現在の共通語となった。

　これに対し古語「腹かく」は悔しがる、後悔することを表し、浄瑠璃「源《みなもとの》義経《よしつね》将棊経《しょうぎきょう》」に「その痩《やせ》馬《うま》ども引上げよ、蹴殺されてはらかくな」と出てくる。ところが、それが西南九州各県では腹を立てる意味の方言となって残る。「立つ」より、ごしごし「掻《か》く」ほうが気分が出るとして選ばれたものと思われる。➡ぐらぐらこく、ぞうのきりわく

**はりこむ**　奮発する

よそから招かれ、ごちそうを前に、あるいは新築ビルを眺め「こりゃあ、はりこうどる」、また早良区西新名物リヤカー部隊のおばさんが、気易く値切る顔なじみの客に「採れだちですけん、はりこうでつかさい」など。古語そのままで『続膝栗毛』に「まじめになって、はりこむを」とある。共通語では「見張りする、犯人の現れそうな場所に待機する」ことも言う。刑事さん、警察《サツ》回り記者が聞いたら、ハッと身構えるに違いない。

**はわく**　掃く

「お客の見ゆるけん、玄関やら庭やら、はわいとくとばい」。迎える側はあれこれ気を使う。『源氏物語』帚木の巻は「ははきぎ」と読む。うっかり「ほうき」と読むと笑われる。なーに、筆者も笑われた一人なので……。

**バンコ**　木製の長いす

戦後ひところまで家々の必需品。ウメボシにする青梅の木箱を並べて干したり、持ち寄って飾り山笠の見物席にしたり、ことに夏の納涼台として風物詩。人々のコミュニティを培った。今でも、ときどき見かけるとうれしくなる。

ポルトガルからの舶来語。この上で金貨を計ったことから英語「バンク」になったとか。柳川出身の北原白秋の詩『ＮＯＳＵＫＡＩ』（遊女）に「堀のＢＡＮＫＯを片寄せて／何を思ふぞ花あやめ」とある。

**はんごう**　都合、くり合わせ

「そこば、なんとか、はんごうしてつかさいや」、「それがくさ、たいがい考えたばってん、はんごうのつかんっちゃが」など。語源は「配合」からとされる。同音異義語に「飯盒《はんごう》」（軍隊や登山に使う炊飯兼用の弁当箱）がある。初めての人が聞き違えると、話がこんがらがる。

## 《ひ》

**ひあて**　日当たり

「お宅の廊下、日当てのようて、シンビジウムの冬越しにもってこいですな」など。「日当たり」は日光を受ける立場での言い方だが、「日当て」はお日さまの側からのそれ。なまりと言うより、概念未分化のころの名残だろうが、なんだかお日さまが身近に感じられてくるようである。

**びき**　カエル

古語も現代共通語も「ひき」はヒキガエルで、ガマを言うが、博多ではそれを「わくろう」と呼び、その他もろもろのカエルを「びき」。なかでも小さな青ガエルには「びきたん」と言う。「こすたん」、「あほたん」など、博多っ子はよく愛称的語尾を付ける。ことわざに「びきの鳴いたら雨の降る」。鳴かないガマは含まれない。➡わくろう

**ひーご**　魚の干物

「アゴのひーご」は雑煮のだしに欠かせない。

**ひーのつよか**　頑張りがきく、気性が強い

「入院さっしゃったばってん、すぐ治らっしゃるくさ。ひーの強かけん」、「うちの子、また同じ好きな服ば着とる。新しかとば着るごと言うたとい、ひーの強うして」など。

「ひー」のルーツは「脾《ひ》」か「脾胃」だろう。東洋医学で言う「五臓」は肝、心、脾、肺、腎《じん》、また「六腑」は大腸、小腸、胃、胆、三焦《さんしょう》（排泄《はいせつ》器官）、膀胱《ぼうこう》を指す。ありがたいお医者さまの見立ての言葉が庶民に広がったに違いない。「ひーくらべ」（根比べ）という名詞もある。

**ひざぼうず**　ひざがしら

ある直木賞受賞作家が次の作品に「ひざ坊主」と書き、編集者から一般的な「ひざ小僧」に直すよう求められた。「ああ、私は台湾生まれ。標準語教育に九州弁がまぎれ込んでいた。南の方では東京より速く小僧が坊主に育つのだね」と笑ったエピソードがある。これをもっと丁寧に「ひざぼんさん」とも言う。

**ひだるか**　空腹、ひもじい

「ひだるかけん、もう弁当食べようや」など。「ひだるか」の「ひ」は干あがる、「だるか」は「弛《たゆ》し」（疲れて気力がない）→「たるし」→「だるし」から。

室町時代、宮中の女官たちは言葉の頭字に「もじ」を付け、髪を「かもじ」、酢を「すもじ」、入浴前後に着る浴衣、腰巻を「ゆもじ」、そしてまた「ひだるい」を「ひもじい」と言った。わあ、博多には「女房言葉」、「もじ言葉」のルーツが日ごろの生活語に残っている。

**びっしゃぐる**　押しつぶされる

「いくら酔うても気を付けて座りんしゃい。うちのバッグのびっしゃげとる」など。古語「ひさがる」の転で、鎌倉期の説話集『撰集抄《せんじゅうしょう》』にも「家、十軒ばかり、うちひさがれて」とある。他動詞は「びっしゃぐ」、「びっしゃがらかす」。

**びったれ（り）**　家事に不精な人

語源は「引き垂れ」から。おしゃれや外出は大好きだが、家庭で立ち働くのは苦手なタイプの女性を古語で「ひきずり」、式亭三馬の滑稽本『浮世風呂』に「かかあ殿は、長屋でも評判のおひきずり」とある。着物の裾を引きずるさまから、こう呼ばれた。掃除機、洗濯機、乾燥機など電化製品が普及し、びったれさんも減っていく。それにしても、昔のおふくろさん、さぞたいへんだったろうと感謝の思いがわく。

**ひっちゃらこっちゃら**　反対、あべこべ

「せっかくアドバイスしたのに、ひっちゃらこっちゃら。おごられて大損こいた」。目標に向かって「あっちゃら、こっちゃら」、そのあげく結果は裏目に出たというのか。博多式に深刻ではない。

**ひなたぶくろ**　日なたぼっこ

「ぶくろ」は「袋」かと語源探索していたが、『今昔物語』に「春の節（気節）になりて日うららかにして、ひなたぼこりもせむ」とある。春先は暖かくなるが、ほこりっぽくもなる。「ひなたぶくろ」はこの古語からだろうが、それにしても温かい空気の袋にすっぽり包まれた感じが、よく伝わってくるではないか。方言には、ぬくもりがある。

**ひぼ**　ひも

このなまりは遠く平安時代後期、主人公が唐土に渡り后《きさき》とちぎったことから始まる。『浜松中納言物語』に「唐組《からぐみ》（編み）のひぼ長やかに」と出てくるという。のち后の母で日本の吉野にいる尼君《あまぎみ》の姫との悲恋物語とは別に、博多では「細ひも」、「太ひも」なども「細かひぼ」、「太かひぼ」と言う。

**ひょうげる**　おどける

「隣のおいさん、どんたくの待ち長かろうや。ひょうげて笑わかすとが得意やけん」、「ばってん近ごろ、

ばかを承知でひょうげきる者《もん》の少のうなったなあ」。西鶴の俳諧集『大矢数《おおやかず》』に「あこがるるへうきんだま（おどけ者）と思へども」、また『好色一代男』に「同じ心のひょうきんだま」。「ひょうげる」は古語そのものである。

**ひょくと**　突然、ひょっと

「ひょくと言われたっちゃ、答えようのなか」、あるいは「ひょくとして、あなた、知ってござ（る）ますまいか」など。念を入れ「ひょくっと」、「ひょこっと」とも使われる。

**ひらくち**　マムシ

昔、ヘビは朽ちた縄《なわ》の姿に似ているので「くちなわ」と呼ばれた。マムシは、その頭が平たいところから「ひらくち」。博多市街に出没したはずもあるまいが、昔も今も元気じるしの特効薬として珍重される。

**ビリンコ**　ハゼ科ビリンゴの稚魚

春から夏、川岸の浅瀬で、子供たちのよい遊び相手。手や網で捕まえようとすると、すっすっと機敏に後退する。筆者の調べでは那珂川・春吉橋の上流一帯では「チャリンコ」と呼ぶ。「煮て食べるとき、硬い頭の骨が奥歯でチャリンと音を立てるから」という説も面白いが、さて博多市中で食用にしたものかどうか。河川がコンクリートで護岸され、チャリンコやドンボも住みにくくなった。

**ひんずな**　余計な、無用な

今日は仕事のけわしかとい、ひんずな客やら電話やら多かあ」と商店の大将。「もう、ひんずなことは、ほたくっときんしゃれんね」と、決算期が近いご夫婦の会話。その昔の「ひずむ」（苦しめる、ゆがむ、束縛する）からか。糟屋郡では農繁期の四度食を「ひんず食い」と言ったという。

# 《ふ》

**ふ**　運

「ふの悪うて、タクシー飛ばしたとい、渋滞に巻きこまれて……遅刻してご免ね」、「うちはふのようして急行バスに間に合うたとよ」。久しぶりに同窓会で顔合わせした女性二人の会話が弾む。

語源は「符」から。神仏の守護札、おふだを呼び、そこから運、めぐり合わせを言う。おとぎ話集『唐《から》糸《いと》草子』に「唐糸（主人公）がふのわるさ」と用例が見える。

**ふうがじん**　風流な人

「あっちはふうがじんやけん、庭に錦竹やら茶花やら植えとらっしゃる」など。「ばってん、ふうがじんな、付き合いにくか」と、少し風変わりな趣味の人にも言う。語源は「風雅」で、中国の『詩経』にある詩の六つの分類のうちの「風」と「雅」。そこから詩、歌、俳句、絵、茶などを言うところから。

**ふうたんぬるか**　ぐずつく、のろまな

「なして、まちっと、しゃんしゃんでけんとかいな。ふうたんぬるか」。その語源を調べだが、わずかに辞典に「ふう」（姿、おもむき）、「ふうたい」（風体・姿、なりふり）とあるのを見つけた。

その一方、豊後日田地方には「ふうけもん」（腑《ふ》抜け者）という言葉がある。「腑」は「①はらわた、②こころ、思慮分別」を言う。あるいはここらがルーツかなどと、まことにふうたんぬるか。あしからず、お許し願う。

**ぶきょう**　しらける、興味を示さない

「久しぶり、おれが顔出したら、みんなぶきょうしたやね」、「たいがい義理ば欠いとって、ぬれーっと顔出したっちゃ、ぶきょうさるるくさ」。語源は「不興《ぶきょう》」から。

**ふく**　河豚《ふぐ》

博多、関門地方の本場では、「ふく（福、富久）でなからにゃ」と今も頑固に「ふく」と呼ぶ。承平年間（十世紀）、わが国初の漢和辞典『倭名類聚鈔《わみょうるいじゅしょう》』に「布久《ふく》、布久閉《ふくべ》」とある。そのいわれは腹がふくれるから、魚体がふくべ（ヒョウタン）に似ている、また海底で餌をひろうのに砂をプーッと吹くからなど。芭蕉の句に「ふく汁や鯛《たい》もあるのに無分別」。現在は処理士免許制度が実施され、心配ご無用である。

**ふくろう**　うずくまる

「そげなところい、ふくろうで、なんごとしよったとね」、「ああたば待ちかねて、ふくろうろったったい」。古語「ふくら」は膨れていることで「ふくらスズメ」という語もある。鳥の「フクロウ」も、そこからではあるまいか。

**ぶげんしゃ**　金満家

「ぶげん（分限）」は身のほど、身分を言い、禄高を示す『黒田藩分限《ぶげん》帳』によれば長政が福岡に入国した初期慶長のころ、筑前今様《いまよう》（黒田節）「酒は飲め飲め」のモデル・母里《ぼり》太兵衛にはポンと一万五千石。幕末慶応時代になると「すめらみくにのもののふは」と詠んだ勤王派家老・加藤司書が二千八百五十石に絞られている。さて、ぶげんしゃは近松浄瑠璃『薩摩歌』にも「お国はおろか九州九箇国、隠れもない分限者」とある。世の金満家たち、世のため人のため「ぶげんしゃのくせ、がじっぽう」と言われぬように

お願いしたい。

**ぶすくれる**　立腹し、すねる

「なんな、さいぜん（さっき）から、ぶすくれて……。早う訳ば言いない」など。共通語で、文句を言う「ぶつぶつ」を博多では「ぶすぶす」。「ぶすくれる」はその動詞で「膨れっ面《つら》」になる状態を言う。

**ぶすぷりんと**　立腹し、すねたような

夜ふけ、他に客もないスナックでグラスを前に黙ったままの客に、「ぶすぷりんとしとらんな、にぎわいまっしょうよ」。ママは博多育ち。あまり楽しくない考えごとをしていた客、それならとカラオケのマイクを握る。これ、私の実体験。ぶすくれて、ぷりっとしているさまの擬態語である。腹を立てないまでも、一人ぽつねんと黙っている様子にも言われることを知らされた。

**ふせる**　衣服をつくろう

「ふせたシャツやら見かけんごとなったね」、「うん、あんころは、おっかさんが破れ靴下ばふせてくれたなあ」。旧世代には大戦末期から敗戦直後、ひと針ずつ丹念につくろってくれた母の面影が神さまのように浮かんでくる。古語「ふす」の語義の一つに「覆って押さえる」がある。

**ふつ**　ヨモギ

古語で「いよもく（いよいよ茂く）生《は》うる草」というのでヨモギの名になったという。これを薩摩で「フツ」、肥前で「ブツ」、種子島では「クツ」と呼ぶらしい。博多の「フツ」ともども、それらは古語「ふく」（芽ぶく）による。

**ふつくら**　ふところ

和服から洋服全盛となり、そろそろ消滅語に近いが、短い単語の中に通音転が二つもあり、博多なまりの典型例として挙げておく。「ふつくらの広かあ（度量が大きい）」などと使われる。

**ふてえがってえ**　これは驚いた

博多ことば番付で「しろしか」と並ぶ横綱格。博多にわかでは開口一番、「ふてえがってえな、どうじゃろかい」で始まる決まりがある。古い博多にわか解説本に「ふてえがってえは、どんな亭（あずまや、休憩所）か」、「たまげる絶頂にある亭」、「そんなら、どうじゃろかいは、どんな貝か」、「あきれハマグリに似た貝」と、にわか流の解説がある。

発音詞「ふ」を省略して「てえがってえ」、あるいは額に手をポンと当て「てえー」と驚いてみせる人もいる。語源は「耐え難く」。あと「驚いた」の省略語である。豊後地方の「てえがてえ」（恥ずかしい）をもとに類推してみた。

**ふとか**　大きい

「ふとかドームやらホテル、デパート、劇場。ふとか船も入ってきますばい」。博多っ子が無意識で使うお国言葉。ところが古語「ふとし」は、まわりが大きい、肥えていることを表し、現代口語でもわずかに「肝が太い」、「太えやつ」とは言うが、ビルや船、人など姿全体が大きな形容には使われない。うっかり東京ムスメに「（身長の）ふとかところがよか」など言うと、ウエストのことかと誤解されてしまう。おじいちゃん、おばあちゃんは孫息子が連れて帰ってくる彼女との会話に注意が要る。「ふとらかす」は人、動植物すべて成長させることを言う。

**ふるふる**　心底から

「いくら誘われたっちゃ、ふるふる好かんとじゃもん」など。語源は「身ぶるいするほど」の心境からか。こうした擬態語は博多っ子、得意中の得意。下に必ず否定語が付く。「ふるふる好いとう」などとは使われない。

## 《へ》

**へずる**　減らす、除く

夕食時、「今夜はごっつぉうの多すぎるばい。食べ散らかす前に少しへずって、あした昼弁当のごさいにしてやんないや」など。上代語に「へつる」（削り取る、少しずつ削って減らす）があり、これが江戸時代以降「へづる」とも使われた。

**べた**　そば、側《がわ》

「みんな、向こうべたに寄って上座はあけてつかさい。今日の寄り合いは偉か人のいっぱい、こらっしゃるとじゃけん」、あるいは「さっきから探しよる物《もん》な、向こうべたにあろうが」など。古語「へた」は『万葉集』にも「あふみ（近江《おうみ》）の海へたは人知る」とあり、「端《はし》、へり」、特に海べ、波打ちぎわに言われたという。博多ことば「ほうべんた」（ほっぺた）、「しりべんた」（尻《しり》っぺた）、「地べた」（地面）も、ここからきた。

**べっこう**　へど

「へど」の転化か、嘔吐《おうと》するときの音からとされる。

**へっぱく**　むだ話、へらず口

乗り合わせたタクシー運転手さんが、まるきり博多育ち。「こげな夜ふけ、石垣にボーッと女子《おなご》の顔の浮かぶ丘のある」と、お化けの話が弾んだが、「あっ、へっぱく言うとったら、すみまっせん、角ば一つ曲がりそこのうた」。なんの筆者は「へっぱく」を久しぶりに聞き、ありがたかった。

そこでその語源だが、古語「ひょうひゃく（表白）」は冗談、おどけ話を言い、江戸時代の滑稽本『風流志道新伝』にも、浅草の辻講釈師が「ひょうひゃくをもって人を寄せ」とある。あの晩のタクシー運転手さん、おおきに、ありがとう。

**へのつっぱり**　まったく役立たず

「あげなと（者）が加勢に来たっちゃ、へのつっぱりにもならん。はよ断っときない」。人前でプーッと屁が出かけたとき、それを防ぎとめる突っ張り棒にもならないということ。

**へんちく**　変わり者

「へんちくの言うたことやら気にしなすな」、「思うた以上のへんちくやなあ。気にするもんな」などと。共通語でも「へんちくりん」と言う。いずれも「へんちき」、「へんちきりん」（変な、奇妙なこと）の転化である。

## 《ほ》

**ほうぞうばな**　レンゲソウ

マメ科の二年草で牧草、緑肥に役立つため、化学肥料が普及する以前は水田の裏作として、春にはこの花が一面を彩った。花の形が恐ろしい伝染病だった疱瘡《ほうそう》、またそれを防ぐための種痘《しゅとう》の痕《あと》に似ているからとされるが、それよりこう見てはどうだろう。

レンゲは「蓮華」と書き、ハスの花は極楽浄土を彩るとされ、お盆の供花にも欠かせない。それに「宝蔵」、七世紀、華厳《けごん》宗の第三世、事実上の開祖だった名僧の名が結びついた。戦前まで、レンゲ畑は童心のパラダイス、少女たちは花輪に編み、髪に飾った。今も年配層の追憶を揺する花、そう見てやりたい。

**ほうけんぎょう**　正月の飾り物や書き初めを焼く新春催事

共通語で「左義長《さぎちょう》」、「どんど焼き」。博多のそれは「法華《ほっけ》ん行《ぎょう》」が語源か。明治のころは少年たちが町内のしめ飾りを集め、十四日未明、那珂川の洲に積み上げ火をつけ、燃える炎や青竹のはぜる音を競い合った。「ほうけんぎょう、ほうけんぎょう／泣く者な口《もん》焼こう／泣かん者な尻焼こう／あかぎれ焼こう、ひび焼こう」と歌い、気勢を上げた。近年は十五日前後の土日や第二日曜日などに行われている。

**ぼうすくてい**　ぼんやり者、世間知らず。

博多にわか風には「ボーッとした山にある亭」か。語源はいろいろ探索したが、残念ながら不詳。

**ぼうぶら**　カボチャ

ポルトガル語*ABOBORA*からの舶来語。江戸初期、松江重頼の俳諧書『毛吹草』に「蓮芋《はすいも》（サトイモ）、水瓜《すいか》、ボブラ」とあるのがこれ。十二月下旬、冬至の日にこれを食べれば火事と中風をよけるとされ、勝立寺《しょうりゅうじ》（中央区天神四）ではカボチャ汁のふるまいがある。ユズ風呂の習わしは「ユズ」を「融通」にかけ、明治のころ東京の銭湯が広めたという。

**ぼうふり**　ボウフラ

蚊の幼虫名の転化。念入りに「ほうぷら」となまる人もいて、いつもながら博多ことばはユーモラスである。

**ほがす**　穴をあける

古くからの「掘《ほ》る」（地面に穴を作る）に「らかす」を付け強調する「ほがらかす」の約転だろう。博多ことばで自動詞は「ほげる」。「障子紙のほげとる。だれが、ほがしたとかいな」などと使われる。

**ほからかす**　うち捨てる、放っておく

不要、邪魔な品物にだけでなく、取り扱いがめんどうな事務、作業、はては人物についても「せわらしか。ほからかしとけ」などと言う。語源は江戸時代、京都、大阪で始まった上方語「ほかす」から。それに念入りに「らかす」が付けられた。

**ほけ**　湯気

「ほけの立っとるご飯、おいしかね」、また「あいつ、ほけのごとして頼りなか」など。古語に接頭語「ほの」があり、「ほのか、うっすら、かすかに」の意を表す。「ほけ」は「ほの気《け》」からに相違ない。

**ぼさっと**　ぼんやり、ボーッと

共通語「もさっと」の転か。「ぼさーっとしとらんな、はよ手伝いんしゃい」。キビキビした博多っ子は、この言葉で育てられる。

**ほたくる**　投げ捨てる。

「ほからかす」と、ほぼ同様に品物や人物について言われる。古語「はふる」（捨てる、散らす）が語源

で、さきに「汝《な》が女《むすめ》をば吾《あ》に」と約束した素戔嗚尊は、頭が八つある「そのをろち（大蛇）を切りはふり」（『古事記』）、めでたく美女と結ばれる。環境浄化、ごみ処理が世界的急務の今、みだりな「ほたくり、ほからかし」、慎まねばならない。

**ぽち**　祝儀、心づけ

これも上方語から。小さな点を「ぽち、ぽつ」と言う。小さな祝儀袋に「少ないけれど」という謝意がこもる。袋を開け、「なんだ、これぽっち」など言ってはいけない。明治初め、舶来のボタンを「ぽっちり」。ひいじいちゃん、ひいばあちゃんが少年少女のころ、あこがれを集めた。

**ぽっくり**　当たり、そのとおり

若かりし新聞記者時代、急ぎの取材に人数や長さ、広さをたずねても「いんや、それちゃあいわん（もっとある）」、「そげんな、なか」。ようやく正確を言い当てると「ぽっくり」とうなずき、微笑してくれたあの顔、この顔を思い出す。

**ぽっぽぜん**　数えで三歳を迎えた祝い膳

戦前まで、吉日を選び「お膳座り」の祝い。白木の角膳には松竹梅や鶴亀の絵。このあと幼児は一人前にお箸《はし》を使って食べる。「ぽっぽ」は幼児語でハトなどの鳥を呼び、ここでは鶴の絵を指した。東区馬出《まいだし》特産、民芸品として人気がある。

ちなみに「馬出」という難しい地名、その昔、筥崎宮の神幸祭に馬を供出した故事によるとされている。

**ほとびらかす**　ほとばせる、水に浸し膨らませる

共通語ともども語源は古語「ほとぶ」から。『伊勢物語』に都を棄て草深い関東に旅する在原業平《ありわらのなりひら》が詠

んだ妻恋いの歌に、居合わせる皆が「乾飯《かれいい》の上に涙落してほとびにけり」の名シーンがある。その他動詞で、念入りでユーモラスな響きがほほ笑ましい。

戦前まで、お盆に訪れる客には決まって「たらわた」と焼酎が出された。干しダラの身をのけ、骨と臓物の甘じょうゆ煮で、さぞ姑《しゅうとめ》さんの「タラは念入りい、ほとびらかすとばい」の声が飛んだことだろう。今も昔気質の家では、これが出る。何度も水を取り替え、ほとびらかしたご苦労を察していただきたい。

**ほとめく**　機嫌を取る、歓待する

「先日は中洲で散在してほとめきよったが、相手はだれな」、「あとで説明するたい。今夜もほとめかなならん大先輩のいっぱいござるけん、もう向こうさへ行くばい」。パーティー会場でグラス片手に博多育ち同士の会話。

さて、その語源だが、辞典に「ほめく」（ほてる、熱する）があるが、いま一つピンとこない。次に「ほめなす」（ことさらに褒める）を見つけた。これかとも推量したが、そのあと「ふためく」（立ち騒ぐ）という語からではないかとも考えた。ここは読者の皆さんにもご判定をお願いして先へ進む。

**ほねしょうがつ**　正月用食材の総ざらえ

漢字で「骨正月」と書けば、意味はすぐ分かる。一月二十日、それまで粗塩を打ち、こもで巻き土間につり下げ、正月料理に使ったブリもあらかた食べて、もう身はわずか、骨が見えてくる。そのほか残った野菜を煮込んで区切りをつける。きりきりしゃんと家計を守った家庭女性たちの暮らしの知恵は、冷蔵冷凍庫が普及した現在も、しきたりとして残されている。

**ほんなこと**　本当のこと

「あんた、あげな人、ほんなこと好いとうと」、「ほんなこと言うたらくさ、あんまり好かんばってん、都合よう（適当に）付き合いよると」。これでは少し彼氏がかわいそう。
語源は、お分かりのとおり「ほん（本）」（まこと、本当）。近松浄瑠璃「女殺《おんなごろし》油地獄」にも「その恩徳は、ほんの親にも変はらずと」とある。

**ほんに**　本当に
「あんたが新しゅう見つけた彼氏、ほんによか人やね。前に付き合いよった人には、ほんに気の毒ばってん」などと。

**ほんばしら**　本柱、中心人物
「今度の催し、ほんばしらになってつかさい」。共通語で家屋をぴしりと支える「大黒柱」を表す。

# ま行

## 《ま》

**まえきる**　前もって取り計らう

博多山笠・舁き山の突進には、見物客の人垣に邪魔されないよう「前さばき」と呼ばれる若者数人が「前切った、前切った」と大声をかけ、人ばらいに先行する。そこからきた。飲んで騒いで、さて勘定を聞くと、「あ、さっき帰られた方がすまされました」、「やっぱあ、あっちは前の切るるなあ」。そんな会話が典型例。ここぞというとき、ポンと気っぷを見せるのが博多男の世界である。

**ますぼり**　へそくり

ふところ深く、内緒で、へそのあたりに隠したのが「へそくり」の語源とされる。長崎県対馬で「針箱銭」、鹿児島県で「ちょか（土瓶）がね」、共に隠し場所からそう呼ぶ。同様に「ますぼり」は「升《ます》ぼり」。升で米、麦などを計るとき、いくらか少なめにして浮かせ、余分を蓄え備えたことからだろう。山内一《やまのうちかず》豊《とよ》の妻が貧しい暮らしのなか、信長の陣ぞろえ（閲兵《えっぺい》＝軍隊の点検）に、夫のため鏡の裏から二十両を出し名馬を買い、一豊を出世させたエピソードは戦前までよく知られた。ただいま「ますぼり」は、ご亭主がする側に回ったという観察もある。

**またから**　二度と再び

博多の傑僧・仙厓さん、寺の裏庭の竹林からタケノコをごっそり掘り取って行く悪童に「これこれ、帰ってこの絵を親ごに渡しなさい」。それは猿が虎の股の下から手をタケノコに伸ばしている図。悪童のいたずら、ぷっつりやんだという。

こんな数々の逸話を残し、朝廷から普門円通禅師の号を贈られた名僧を、人々は親しい隣人のように「仙厓さん」と呼ぶ。

**またごす**　またぐ

ただ「またぐ」でもいいのだが、念を入れ「越す」が付く。「そげな小溝、またごして、こっちさへ来ない」などと。昔のおっかさんは子供が大切な物、特に帽子、教科書などまたごすと「罰かぶるばい」と厳しくたしなめた。さて現在、どうだろうか。

**まちっと**　もう少し

チーム監督が「まちっと気合を入れて」と訓示すれば、

選手たちは「はいっ、まちっと厳しく鍛えて下さいっ」。試合当日のプレーが期待される。「もうちょっと」の約転である。

**まっぽし**　ずばり、真正面から。

「そげん、まっぽし問い詰められたっちゃあ、答えようのなか」、あるいは「力いっぱいのボールが、まっぽし顔に当たってくさ、明日の出場は無理じゃろや」など。語源は「まっぷし」、樹木、竹や音曲の節《ふし》（かど、けじめ）が、まっすぐ伸びていることからか。

**まどう**　つぐなう、弁償する

古語に「償《まと》ふ」そのものがあり、『好色一代女』に「壱両の銀子は私がまどひます」。夏の宵、女の子たちの遊びは「ちょうちんとぼし（ともし）」。みんなかわいい浴衣姿で豆ぢょうちんを手に手に、はしゃぎ合った明治、大正期のわらべ歌に、「ちょうちん、とぼしやーれ。消えたな（なら）ばばさん、まどいやーれ」。バンコで涼むおばあちゃん、ニコニコとろうそくに火をつけたことだろう。

**まねかた**　まねごと

「乾杯のビールですけん、まねかたでもつがせてつかさい」などと使われる。「かた」は動詞に付いて、その仕ぶり、また、することを言い、「飲みかた」、「終わりがた」は西日本各地で使われる。旧日本陸軍の「撃ちかたやめ」も、これによる。

昭和十八年十月、東條軍閥政治に反抗し、敗れて自刃した熱血政治家・中野正剛《せいごう》の遺書に「刀の切先が丸くて切れそうにない（略）そこで腹の方は軽くまねかたにして仕損じぬやうにやる」とある。最後に残された故郷の言葉である。

**まめる**　舌がよく滑る。

「あたきだち、じごろう（➡）は口のまめらんな、お聞き苦しゅうござっしょ」と、その実いささか得意気に博多っ子は言う。古語「まめ」（誠実、よく働く、丈夫）も「まめる」（塗る、濡れ汚れる）も見当はずれのすえ、「なめる」（なめらかである、滑る）にたどり着いた。謡曲「石橋《しゃっきょう》」に「苔《こけ》はなめりて足もたまらず」とある。これの転化と見るあたりが妥当だろう。

**まるてん**　揚げ物の名物食品

魚肉に米の粉などすり加え、丸く平たく固め油で揚げる。これを一個載せた「まるてんうどん」は、安くてうまい博多名物。久しぶりに帰郷し、これを食べ、「これこそ、ふるさとの味」と喜んだ高名な歌人がいる。筆者、東京勤めのころ、文部省・国語研究所で「ころもを付けず、いきなり揚げたのをてんぷらと呼ぶのは九州ならでは」と珍しがられたことがある。また、上京した同僚が、まるてんのつもりで「てんぷらうどん」と注文し、エビてんが二つ載ったどんぶりの値段に仰天した経験もある。「テンプラ」は長崎経由のポルトガル船来語である。

**まん**　運、縁起

「今年は初もうでのおみくじに大吉の出て、まんのよか」などと。ルーツ探究の手だてのため、例により撥音「ん」をのけて考えると、「ま」が浮かんでくる。「間」には、①あいだ、ひま、②部屋、③邦楽、邦舞でリズムを生むための時間的間隔など、いろいろな語義があり、その一つに「ほどよいころ、めぐり合わせ」がある。これが撥音「ん」で強調された。「ふ」（運、めぐり合わせ）は偶発的、「まん」には持続的な語感があるようだ。

**まんぐる**　繰り合わす

「来週のゴルフコンぺくさ、同窓会やら娘の誕生日の重なって、まんぐりのつかんっちゃが」というハッピーな人もいれば、「期日まで、なんとかまんぐりつけな（ねば）」と走り回る人もいる。人生模様はさまざまだ。

「まんぐる」は、「間」を繰り合わすことか、それとも「枉《ま》ぐる」（ぜひとも、強いて）融通することか。そのあまり、ちょろりとごま化すことも「まんぐり」と言う。

## 《み》

**みおくり**　飾り山笠の裏側

永い伝統行事に伴う忌《い》み言葉の一つ。表側を飾る勇壮な戦記ものや歌舞伎「荒ごと」など、荒々しく勇猛な武将や鬼神を扱う「表」に対し、「みおくり」は、おとぎ話の『花咲爺《はなさかじい》』『桃太郎』など仕立て、表裏一対のコントラストも見どころとされる。「ああ、よかった」と見返り、見送ることから、そう呼ばれる。「裏」は裏長屋、裏稼業、裏取り引きなど、とかく嫌な語が多い。戦後しばらくまでの「博多駅裏口」も「筑紫口」の呼称が定着して久しい。

**みかけぼうぶら**　見かけ倒し

「あの男、見かけぼうぶらばい」など、虚勢を張るが内容の伴わない人物、ときには装飾過剰な店舗や商品にも。カボチャの外見のよさと中身の味が必ずしも一致しないことからである。⬇ぼうぶら

**みたむなか**　みっともない、見苦しい

いよいよ孫娘の修学旅行が近づいて、おばあちゃんは「髪やら服装やらちゃんとして、人さまの前で、みたむなかことはせんとばい」と気がもめる。古語に「みとうも（見たくも）なし」が転じた「みたむなし」があり、狂言「髭櫓《ひげやぐら》」では大ひげが自慢の男に女房殿が「その髭が朝夕みたむのうてなりませぬ」。果ては加勢の女たちと大きな毛抜きで一本ずつ抜きにかかる。昔も今も、ホントは女房殿は強い。

**みところはん**　中途半端、粗略

おっかさんたちは「お座敷は四すみまで掃わくとばい。みところはんな、でけんばい」と、子供をしつけ育てた。不精者のことを「部屋を丸く掃く」と言うたとえもあるように、「三所半」が語源だろう。部屋掃除だけでなく、物事全般に使われる。

**みみご**　耳あか

たいていの子供は耳あか取りを嫌って逃げ回る。ようやく観念した子供の耳に耳かきを入れたおっかさんは「あ、よかった。みみごがハチの子になって、飛び出そうごとしとった。ほら、見てんしゃい」。なるほど、長らくたまったみみご、そんな形にも見えた。年配者の脳裏に、優しかったおっかさんの少しおどけた仕草が残る。語源は「耳粉」の濁音転とされる。

## 《む》

**むごう**　たいそう、非常に

「あんた、むごう精出しよりなさるが、くたびれの出んごと、しんしゃいや」などと。古語「むげ（無下）」は、それより下のことがなく、はなはだしい、むちゃなことを表し、『徒然草』にも「むげのことをも仰せらるるものかな」の用例がある。「むげに」（容赦なく、ひどく）の音便である。

**むつかしもん**　扱いが難しい偏屈者

「げってん」、「へんちく」と、いくらかニュアンスが異なるようだが、そのあたりの区別は微妙。強いて言えば前記二つの言葉がいくらかユーモラスな響きに比べ、「難し者《もん》」は深刻で、難しい討論など挑まれかねない。これが最高の難物と見ていい。

**むっちん**　すっぱだか

風呂上がりなど子供がそのまま遊び回ると、親たちから「むっちんしとかんな（しておかずに）早うパンツはきない」と声がかかる。消滅語に「ぶちん」がある。それぞれ肌着なしの「無《む》」、「不《ふ》」から。昨今の一部マスコミ、むっちん写真の競争だが、これも「言論の自由」であるのか。かつての那珂川、博多川、どこも夏には「むっちん天国」だったが、それは「ななつ（数えで七歳）までは神の子」とされた無邪気な世界。言葉にこもる人間感情、時代感覚に感慨がわく。

**むりやっこう**　むりやり、ごり押し

「むりやっこう言われても、でけんもんな、でけまっせん」。こんな発言が正々堂々とまかり通る家庭や職場にいる人は幸せだ。「あっちは親たちがむりやっこう見合い結婚させたとばってん、今はアツアツよ」。ＯＬさん二人、喫茶店での会話。こちらもほのぼのとなった。

# 《め》

**めご**　竹かご

「てぼ」（手かご）より大きく、網目が詰まり、蓋《ふた》まで付いたかごが「めご」。「目かご」の約転で、その代表格が「茶わんめご」。洗った食器の水気を切るのに重宝され、家々の必需品。暑くなると、おひつのご飯を移し入れ、家の北側の涼しい軒下につるした。

**めっけん**　眉間

「額に残る傷跡は」は、年配者ご存じ「旗本退屈男」主演・市川右太衛門のせりふ。その息子が映画、舞台で人気を集める北大路欣也。「めっけん」は説明するまでもなく「眉間《みけん》」の促音便。

**めのしょうがつ**　目の正月

珍しく、美しく、また貴重な物を見て感動したとき、「今日は目の正月やった」。共通語に「眼福《がんぷく》」、「目の保養」など同義語があるが、なにしろ正月は年に一度しかない。感銘度の表現では、こちらが上だろう。美術展やファッションショー、美しい風景など、特におじいちゃん愛蔵の古美術品を拝見したときは、この言葉でお礼を述べるに限る。

## 《も》

**もう**　～みよう

「行ってもう」、「見てもう」、「食べてもう」などとすべての動詞に付き、試みようの意を表す。「みよう」の転化である。

**もくどう**　計画する、たくらむ

「お前やぁ、何ばもくどうどるや。このごろ、えろう（えらく、とても）偉か人に、ほとめきよるが」など。正確には「かろのうろん屋」式に「もくろうろるとや」と聞こえ、語源「もくろむ」に接近するところが面白くもある。

**もだま**　ゆでたフカの身

吸い物や酢みそあえにして美味。姉《あね》ざんと姉婿どん実家帰りを迎える歓迎ぶりを歌う古民謡に「ごっつぉうは何《なん》け／タイのさしみにもだまの酢みそ」。ここで「いつもそげなごっつぉうや」と、せりふが入り、「あら、ちょーい、ちょい」というのを聴き、みんな笑い転げてずいぶん久しくなる。今も歌える人がご健在ならいいが……。これも正確には「もらま」になる。

**もっさん**　少女たちの遊び

もち米で作った直径一ミリ半ほどの小玉を赤、黄、紫などに染め、約一〇センチに数珠つなぎにしたのが「もっさん」。路地に描いた円めがけ、順々に投げ、落ちて広がった端が少しでも円心に近いほうが勝ち。その子が全部もらえた。寒い季節、雨の日は室内でも。
「やったと思うたら『ほん』、やりそこのうたと思うたら『すら』と声かけて、もう一度」、「一本、二本でなく、一文、二文と数えましたやね」。遊びは昭和初めまでで消えたが、思い出は色とりどりに浮かぶ。語源は「もちサンゴ珠《じゅ》」からで、「もっさんじゅ」とも呼んだと聞く。

**もっつらと**　念入り、丁寧に

「あっちは、もっつらと仕事さっしゃるけん、仕上がりは大丈夫」など。だが、ときには「もっつらとしよらすけん、間に合うかいな」と「ゆっくり、ぐずぐず」の意にもなる。事実、飾り山笠の制作が人形師の凝《こ》り性から開幕の七月一日に遅れに遅れ、閉幕四日前の十一日明け方に完成したという例もある。昭和二十六年のことである。「ゆっくり、ゆったり」あたりが語源か。

**もとおけ**　大もと

「自分の皿のごっつぉう食べたあと、冷蔵庫のもとおけまで食べなんなや」と、おっかさん。育ち盛りの子供は、うっかりすると全部たいらげかねない。そのあと、おとっつぁんが帰宅すると、「ああた、利息稼ぎもよかですばってん、もとおけは大丈夫ですか」など、主婦の家計管理も骨が折れる。
「もと」には「よりどころ、主とするところ」の意があり、『源氏物語・少女《おとめ》』に「ざえ（学問、学才）をもととしてこそ大和魂《やまとだま》の世に用ゐらるる」ともある。「もとおけ」は食糧を蓄えた「もと桶《おけ》」から、または「もと置き」からだろう。

**ももぐる**　いじり回す

「さっきから、ももぐりよるばってん、出てこんたい」、「なんぼ（いくら）本箱ば、ももぐったっちゃ、出てきますもんか。あの本な、先日だれかに貸しなったろうが」などと使われる。「もも（百）は数の多いことを示す接頭語で、「百枝《ももえ》（多くの枝）」、「百草《ももぐさ》（多くの草）」などと言われた。「ももぐる」は「百繰《ももぐ》る」からと思われる。

**ももじり**　少しも落ち着かない、気移りが早い。

スナックで「もう次の店に行くとな。お前のももじり、往生こくなあ」などと。古語にずばり「ももじり」がある。馬にうまく乗れず鞍《くら》に尻が落ち着かないことを言い、『徒然草』にも「極めてももじりにして沛艾《はいがい》の馬（暴れ馬）を好みしかば」とある。この言葉、博多衆の気に入ったのか、現在でも生きている。

**ももどう**　太もも

明治四十三年、九州で初めて福岡市内電車が走ったとき、「ももどう」を出した者は「みたむなか」と乗車を禁止された。これは威勢よく着物の裾《すそ》をまくり上げた職人衆らを指していた。

**もやい**　力を合わせ、分担すること

「もやい」（①共同で事をする②船をつなぎ止める）のうち①共同で力を合わせて、が使われる。地元の戦国時代文書にも「もやい（催合）て合戦」。博多山笠では小さな町内が協力一致し、流れ（町内ブロック）を統括する晴れの大役を「もやい当番」と言う。親しい仲間で「もやいで飲もう」は割り勘のこと。水道、浴槽が普及するまで「もやい井戸」、「もやい風呂」というのもあった。お茶の伝統世界では「おもやいで」と声をかけ、一碗《いちわん》の薄茶を二人でいただくこともある。

古語「もやふ」は船を岸に、また船と船とをつなぎ合わせること。こちらも、「もやい結び」など現役の用語。

# や行

## 《や》

**や**　疑問詞、～か。～ね
「どうしたとや、心配ごとでもあるとなら言うてんやい」。親友というものは、ありがたい。『源氏物語・夢浮橋《ゆめのうきはし》』に「失《う》せにし妹《いも》（彼女）の顔は覚ゆや」とある。

**やい**　～なさい、～なよ
「やる」（する）の命令形「やれ」の転で、軽い敬意を含む古語「や」がある。近松浄瑠璃「心中宵庚《しんじゅうよいごう》申《しん》」に「少々のことは聞きのがしにしやいの」。「来やい」、「見やい」、「食べやい」など、親しい仲間うちで気易く使われる。古語ほど尊敬の念はなく、優しく言うときは「～やいや」。いずれも男言葉である。

**やおいかん**　容易でない
「やおう」（柔らかく、柔順に）を否定し、順調に運ばず難しいこと。「今度の会議、やおいくまいや」

ぐらいならまずまずだが、「うん、やおいかん委員の一人おるけんね」になると「扱いにくい」、「隅に置けない」（侮《あなど》りがたく油断ならない）の意味となる。

**やおつり**　引越し

「家《や》移り」の転。隣家が「やおつり」したあと、幼なじみが庭に落とし雨ににじんだ「もっさん」を甘酸っぱく思い出す人がいる。あれが、おじいちゃんの初恋。

**やかましもん**　口やかましい者

博多の町内、ひところまで決まってこう呼ばれる「おいさん」がいて、祭りのしきたり、日常の作法に詳しく、確かに口やかましいが「町内のため、博多のため」の善意に満ち、けっこう人々から敬愛されていた。近年は「やかましおいさん」が減っていくようで、ちと寂しい。

**やきやき**　気をもみ、いら立つさま

「そげん、やきやき言われたっちゃ、これより速うは、でけまっせんばい」など。共通語「やきもき」の転化だろう。

**やくやく**　くれぐれも

「やくやく頼うどくばい。忘れやんなや」など。「よくよく」の通音転に違いない。「約束」の「約」（誓う、ちぎり合う）からではないかとも考えてみたのだが……。

**やっさと、やっさり**　しきりに

「おばあちゃんの、やっさと勧めて買うてくれたばってん、流行遅れの服やけんねえ」と孫娘。するとママが即座に「やっさり世話かけて育ててもろうたとばい。すぐ着て、喜うでみせない」。よかばあちゃ

ん、よかママである。

古語に「やっさもっさ」があり、『浮世風呂』に「やっさもっさが起こって、家中こねっ返すはな」。ここでは「どさくさ、もめごと」を言うが、このあたりがルーツと思われる。

**やってかます**　がむしゃらに、やってのける

「初めての海外親善どんたく（昭和五十三年、サンフランシスコ）、十五人でも集まるかなと思うたら全部で百四人」、「手弁当で旅費もローン払い。あたきだちの勲章たい」。「やってかませた」思い出話が弾む。

「かます」は「噛ます」、「くらわす」（衝撃を与える）が語源ではあるまいか。

**やっとこっと**　やっとのこと

「やっと」は「かろうじて、ようやく」を言う。「こっと」は「こと」を促音で弾みをつけた博多流。

「やっとこっとローンばしまやかして、また四年後、オークランドに行きましたもんね」と、先の会話で連れの女性たち。

**やま**　博多祇園山笠

博多っ子は日常会話で山笠を「やま」と呼ぶ。古くは慶長六年（一六〇一）の文献『九州軍記』に永享四年（一四三二）当時「山の如《ごと》く十二双（基）の造り物（略）上に人形のやうの物をすへて、是《これ》を舁《かき》ささげ持ちて行く」とあり、華麗豪快なさまを伝える。

山のように高く設けるのは、天上の防疫神を迎え依代《よりしろ》とし、悪役退散を祈願するためである。

**やや**　赤ちゃん

「ややこ」（あかご、みどりご）の略とされる。

**やら**　①や、②など、～なんか

古語「や」の転化である。①は事物を列挙して言い、平安時代の『堤中納言物語』に「人々の花や蝶やとめづる（かわいがる）こと」。これが共通語となるが、博多では「何や彼《か》や」が「なんやらかんやら」になるなど、例の強調好みで「やら」になった。②は中世以降、下に「など」、「なんど」を伴い、『三体詩絶句抄』に「内裡《だいり》や御所などという所」と出てくる。ところが博多ことばでは、下に付くはずの「など」、「なんど」をひっくるめて「やら」になった。例えば「雨やら降るまいや」、「うん、天気予報は、うそやら言うまいや」やら使われる。

**やる**　①～する、②贈る

①は「さあ、一杯やるか」、「その前に、やることのある」など。古語「やる」の語義の一つに「自ら物事を行う」があり、「やり合う」、「やり返す」、「やり手」（敏腕家）などの共通語となる。②は「お土産やったら喜うでくれた」、「うちにもやらんね」など、気易く使われる。

だが筆者、遠足で、よそから着任間もない担任教師に「キャラメルやろう」と言って「先生は物もらいではない」と叱られた苦い記憶がある。「やる」の語義の一つに、身分の目下の者に物を与えたり、物事をする労をとることがあり、こんな場合、共通語で「先生、あげましょう」と言うべきだったと、のち成長して知った。

そう言えば学生時代、東京で聞いた「案内したげる」、「見せたげる」の下町言葉は柔らかく優しかった。だが「思いやり」は大切なことだし、植木の「水やり」を近年では「水をあげる」とまで言うが、その必要はないように思われる。

**やんぎもんぎ**　やきもき

「やんぎもんぎせんな、ま少し（もう少し）待っとこうえ。そのうち顔のそろうくさ」。昔から「博多時間」という言葉もある。あせって催促電話などすると「あいつがやんぎもんぎして」などと、慌てまくってといったニュアンスでも使われる。共通語「やきもき」の撥音、濁音転で、これまた明るく陽気な町にふさわしい。

## 《ゆ》

**ゆたっと**　ゆっくりと

「やんぎもんぎせんな、ゆたーっと構えときやい。貫禄の落つるじぇ」など。語源は万葉歌に「その夜はゆたにあらましものを（ゆっくりあって欲しいのに）」とある「ゆた」そのものである。

**ゆっつら**　ゆったり

「うらやましかあ。お隣さんな子供たちの受験もしまえて、ゆっつらしとんなる」。「ゆた」に基づく共通語「ゆったり」の転と思われる。

**ゆみのかかる**　服喪中

「今年のどんたく、本柱（中心人物）の出らっしゃれんけん、寂しかねえ」、「ばってん、しょんなか。あっちは、ゆみのかかっとるけんな」などと。古語「いみ」（忌、斎）の転。博多山笠、松ばやしなど伝統の祭りでは、たとえ四十九日間の忌あけがすんでも、一年間きっちり守られる。

**ゆめのきゅうさく**　夢野久作

目が覚めているのか夢うつつなのか、いつもボーッとしている人のこと。これをそのままペンネームにした異色作家がいる。本名・杉山泰道、国士と呼ばれた杉山茂丸の長男に生まれ、修猷館から慶應義塾大学卒。いつも中洲の喫茶店ブラジレイロでつくねんとコーヒー、カステラを前に道行く人を眺めていた。大正十五年、小説を書き父親に見せると、「うーむ。夢野久作さんが書いたごとあるのう」と言われ、それを筆名に雑誌「新青年」の懸賞募集に入選し、文壇にデビューした。『あやかしの鼓《つづみ》』、『押絵の奇蹟』、『ドグラ・マグラ』など、幻想怪奇小説の新領域を開く。近年、再評価する声が全国的に高い。博多ことば「夢野久作」は、「大野万次郎」と並び、博多が生んだ仮想人物の最高傑作だろう。

**ゆりなり**　楕円形、ゆがんだ形

「あいたあ、今年はヒマワリの、ゆりなりい咲いとる」、また「なんな、このクリーニングくさ、背広の襟のゆりなりいなっとる」など。まん円く、きちんとした形でなく、弦《つる》を張った弓のような「弓なり」、または「揺れなり」（揺れたまま）が語源ではなかろうか。

**ゆるっと**　ゆっくりと

「ゆるっと仕立てるごとオーダーしとったっちゃけん、やり直してやんないや。急がんな、ゆるっとでよかけん」。さるデパート紳士服売り場所見。語源は、ゆるっと考えるまでもなく「ゆるゆる」、「ゆるやか」を表す古語「ゆる（緩）し」から。「ゆたっと」、「ゆっつら」とほぼ同義語。あえて区別すれば「ゆたっと」、「ゆっつら」は動作態度に、「ゆるっと」は寸法や時間経過に言われるようである。

# 《よ》

**よい**　呼びかけ語・おい、やあ

古語「やよ」、「やい」からの転とされ、「やよ」は小林一茶に「やよ虱《しらみ》、這《は》へ這へ春の行く方へ」の一句。また「やい」は軽い敬意を含む命令形で、狂言「抜殻」に「急いで行ってこいやい」とある。「よい、よい。今夜、飲みげ行こうか」と言うのはオフィスの親しい仲間たち。博多の亭主は「よーい、お客さんに、はよ（早く）お茶ば出さんな」と大きな声を響かせる。筆者、全国誌に寄稿する文中の会話で「良《よ》い」（よろしい）と誤解されはすまいかと気を使う博多ことばの一つである。

**よういいだこ**　よくも言ったな

ある有名画家が若き日、人力車に乗った女性の絵を描いて古老からとがめられ、「どっち向きでも、よござっしょうもん」と反発したら「よういいだこ。右斜めに腰かけにゃ、前からの風であおられ裾《すそ》の乱れようが」と教えられたという逸話がある。「言いぶん」を「イイダコ」（腹にご飯粒状の卵をためたタコ）

に掛けたしゃれっけ。古代は、ご飯を「いい」と言った。

**よーと**　よく念を入れて

「よーと覚えて、忘れなすなや」などと使われる。博多の手一本（手締め）は「よーと三度、シャン、シャン、シャン」と手を打ち合う。

**よか**　よい、よろしい

「よかよか、気にせんでよか。そのうち、よかごと収まるくさ」などと使われ、代表的博多ことば。平安時代、優劣の評価は「よし」（最もよい）→「よろし」（普通）→「わろし」→「悪《あ》し」の順に表された。「よし」を、さらに強めるときは「よかり」（よく在《あ》り）、「よかる」（よく在る）となった。その語尾が略されたのが「よか」で、『源氏物語・帚木《ははきぎ》』にも「いとよかなり」と出てくる。この語形は「なか」、「ぬっか」同様、喜怒哀楽をはっきり表す博多気質に好まれ、そのころいらい残され、「美しか」、「重か」、「早か」など、あらゆる形容詞に使われている。

**よがむ**　ゆがむ

「ああた、ネクタイのよがんどりますよ」、「そっちこそ眉毛のお化粧の、よごうどるばってん、よか、はよ行こう」。外出時の会話。たびたび用例に出てきた通音転である。

**よかれじゃこて**　いい段じゃない

「よくあらねばこそ」の約転で、何かを頼まれたとき、「よか」、「よかくさ」に勝る好意的受諾に言う。もっと丁寧には「よござすくさ」から「よござっせにゃこて」と、商都博多にふさわしく、いくつも用意されている。

**よくる**　よける

「このごろのアベックくさ、握り合うた手も離さんな。こっちがよくるほかなかもんな」、「年寄りに道ばよくるとが普通じゃったがなあ」と、旧世代の感慨。近ごろの都心、確かにその感がある。

**よこう**　休む

「だいぶん歩いたけん、ちょいと、よこおうか」は、ひと休み。「そんくらいのことで学校よこうちゃならん」は欠席のこと。「あいた、この店、今日はよこうとる」は休業を言う。古語「憩《いこ》ふ」から。

**よござす**　「よい」の丁寧語

「ようござります」の約転。「お願いしても、よござっしょうか」、あるいは「お元気で、よござすなあ」など。「ござる」は堅苦しい武士社会だけでなく『東海道中膝栗毛』にも「これ、弥次さん、お医者さまがござった」と、江戸期になると広く使われたようで、弥次郎兵衛、北八の珍道中が続く。

**よこばんきる**　要領よく近道する

「ああたくさ、パーティーでちょろっとおらんごとなって、どげんしなざったとな」、「セレモニーの長すぎるけん、よこばんきってロビーでよこうとった」など。

舁き山笠は病魔退散を願うしきたりどおり、博多の町の縦筋（南北）を念入りに折り返し突進する。だから途中で疲れた者は横筋（東西）に抜けて、よこうておれば、やがて現れる一同に合流できる。「おれ、よこばんきるけんね」。さらりと言い合えるのが博多のよさ。語源は「横審」。明治時代まで、町名に蔵本《くらもと》番《ばん》、麹屋番《こうじやばん》、箔屋番《はくやのばん》などがあった。そこから純粋博多生まれの言葉に間違いない。

**よしれん**　訳の分からない、とんでもない

「よしれんこと、したり言うたりしちゃならんばい」など。「えしれぬ」の転である。古語「え」(得)は「よく、充分に」を意味するが、その下に否定語、反語を伴うと、「することができない」、「充分にはしない」などを表す。例えば『万葉集』に「旅寝えせめや」(旅寝することができようか)、また『竹取物語』に「この玉、たやすくは、え取らじ」。つまり「よしれん」は「え知れぬ」で、理解に苦しむ言動を言う。関西弁「よう言わんわ」と同類である。

**よめあざ**　そばかす、ほくろ

嫁になり年月を重ねると、娘時代の玉の肌にぽつぽつと表れてくることから、こう呼ばれる。だが、そこはちゃんと「よめあざ美人」の言葉も用意されている。

**よる**　~している

九州地方独特の言い回しで「雨の降りよる」、「雨の降りよった」などと使われる。これが共通語だと「雨が降って(い)る」、「雨が降って(い)た」だが、九州人の感覚では、それらは現在、過去の状態を示すだけで、ずーっと降り続く、降り続いた継続状態を表していない。つまり「よる」は、英語で言えば進行型の「ING」で、このほうが一段と正確な言い方となる。

「なぜ、これを共通語にしなかったのだろう。これから作っていく理想的『標準語』には、この『よる』をぜひ加えねば」と説く地元大学の専門学者もいる。「きる」(⬇)と共に、復権候補の両横綱であるに違いない。

# ら行

## 《ら》

**らいしん**　来年

「たった一年、浪人するぐらい、なんや。頑張れ」と父親が激励すれば、母親も「そうたい。らいしんな、上のお兄ちゃんも博多い戻ってくる。苦手の英語ば、よーっと習いんしゃい」と慰める。春ごと繰り返される情景だが、そのとおり「らいしん」こそ難関を突破して欲しいもの昔も今もいやーな受験地獄は解消されそうにないが……。

ところで「らいしん」は「来春」（来年の正月、新春）だけでなく、来年一年間を言う。うっかり聞き違えのないように。正確には「だいしん」と聞こえる。

**らんきょう**　ラッキョウ

ことわざに「らんきょうの皮むき」。いくら念を入れ薄い皮をむいても、芯《しん》は小さく細く頼りなく、そこから効果のない無駄なことを言う。

**らんらん**　ありがとう

語源探しで長らく手こずっていたのがこれ。共通語「ありがとう」は「ありがたく」（かたじけなく、もったいなく）の音便で、下の「ございます、存じます」が略された形。関西以西の「おおきに」も、下の謝辞が省かれている。そう見当をつけてはいたが、ふと辞典に「だんだん」（かずかず、いちいち）を見つけたときは思わず「だんだん」と繰り返した。歌舞伎「五大力恋緘《ごだいりきこいのふうじめ》」にも「塩、酢、薪《たきぎ》に至るまで、だんだんの親切」とあるのも知った。古語辞典さま、だんだん。これが博多式発音で「らんらん」になる。

## 《り》

**りゅうきゅういも**　薩摩芋

海外由来の野菜、果実は、よくその中継地名や原産地名で呼ばれる。「りゅうきゅういも」は琉球（沖縄県）から。既に消滅語と言ってよく、今では一般に「とお（唐）いも」、唐は舶来の代名詞。唐が滅びたあとも、この呼び方は次々と受け継がれる。その例に機械紡績の木綿糸を「唐人糸」、南米原産の「唐がらし」。

## 《る》

**るすごと**　主人が留守中の羽根のばし
「海外出張の留守見舞いに来たつもりが、こげんごっつぉうになって、るすごとしたごとあってすみまっせん」など。全国的ことわざに「鬼のいぬ間に命の洗濯」というのがあるが、ただいまではママが旅行中、パパが仲間を集めゴルフ、マージャンや飲みごとで羽をのばし「るすごと」する。

## 《れ》

**れっぱに**　立派に
例によって「り」から「れ」への音転である。

**れんこんくう**　先を見通し粋をきかす
レンコンには穴があり、先を見通すことができる。そこから生まれた言葉で、例えば町で後輩と出会うと、パッと後ろに離れた恋人らしい女性。「そうか。今日は、れんこん食うとこう」。親密度が、ぐっと深まる。また、寄り合いで話がもつれ、一人が立場に窮したとき、だれかが「たいがいで、れんこん食うてやらんな」、これでパラリと座がほぐれる。

## 《ろ》

**ろうかいな**　おや、どうだろう

「ろうかいな、ろうかいな、れっぱに新築のでけて、よござしたなあ」など。「ろうかいな」は「どうかいな」のなまり。二度続けるのは少しおどけた褒め言葉の慣用語。

# わ行

## 《わ》

**わきあがる**　のぼせ上がる、羽目を外す
「あの男くさ、ちょっと酒飲うだら、わきあがるけんね」、「にぎわうともよかばってん、わきあがって何するやら分からんもんね」など。「のぼする」に比べ、いくらか警戒心を含む感じがある。「湧き上がる」から。

**わくろう**　ガマ
一六〇三年、日本耶蘇会が出した日本、ポルトガル語の『日葡辞典《にっぽ》』に、「わくどう＝九州でヒキガエルの異称」とある。博多では「わくろう」。古代中国では年を経たガマは頭に角があり、人がそれを食えば仙人になるとして神霊的な動物だったという。江戸期、中国小説を翻案した草双紙《くさぞうし》や歌舞伎「児雷也豪傑譚語《ものがたり》」の怪盗・自来也《じらいや》は、ガマから習った妖術を使う。花柳界では客寄せに霊験ありとして、ガマを

祭った神社も東京にあると聞く。
その語源だが、一茶の句に「雲を吐く口つきしたるひきがへる」。いつもは悠然としているが、突然大きな口を「わくっ」と開け、小虫を捕食するところは迫力がある。そこからに違いない。

**わけくちわからん** 訳が分からない
「わけくち、わからんなりい（ままに）出しゃばりやんな。せっかく話し合いのまとまりよるとに、わやくちゃになるぞ」などと。「わけ」は古語でものの道理、意味を、また「くち」は「ものを言うこと、言葉」を表す。詰めて「わけくちゃ」とも使われる。

**わやいなる** だめになる
「たいがい骨折ったとい（のに）、わやいなってしもうた」など。「わや」は古語で道理の通らないこと、無茶なことを言い、近松浄瑠璃「生玉《いくたま》心中」に「わやにしても（無茶なことをしようたって）させぬ、させぬ」とある。
もともとは関西語とされ、近松門左衛門は「博多小女郎波枕」でもそうだが、登場人物に方言を使わせ、巧みに地方色を出した。明治の作家・森田草平（岐阜県出身）、昭和の火野葦平（北九州市若松区出身）の作品も、それで効果を増している。詩人・石川啄木に「ふるさとの訛《なまり》なつかし／停車場の人ごみの中に／そを聴きにゆく」の一首。しみじみと心に沁《し》みる。

**わやくちゃ** 目茶苦茶
「せっかく娘の運動会に行ったとい、選手で出る前い雨の降って、わやくちゃたい」など。これも関西語と言われ、商都大阪と博多との活発な交流を物語る。

**わるそう**　いたずら、腕白、それをする子供

たいていの博多の男たちは、話が幼少時にふれると「わるそうしよった」、「わるそうやったばい」と目を細める。てっきり博多製のようだが、古語「わるさ」（悪いこと、いたずら、腕白な子供）の語尾転化。浄瑠璃「菅原伝授手習鑑《かがみ》」に「お師匠様でござりますか、わるさをお頼み申します」とある。

博多わるそうは、いつもポケットに「肥後守」のナイフ。凧《たこ》や竹馬など自分で作る。ときには、よその柿や芋など失敬したが、大勢でする卑怯な弱い者いじめには、必ず守ってやるのがガキ大将の資格でもあった。陰湿な「いじめ」など無縁だったころが懐かしい。

**わんぎする**　曲がる、折り合わない

「襟《えり》のわんぎして、みたむなかよ」、「布団ばわんぎして（蹴ぬいで）、また風邪ひくばい」などと使われる。夫婦仲にまで言われるというが、筆者はまだ聞いたことがない。言葉も時と場合によって少しずつ変化消滅してゆく一例だろう。古語に「わき」（けじめ、区別）があり、『万葉集』にも「春雨の降るわき知らに（降っているか、いないかの見境もつかず）」の一首がある。その「わきが乱れる」の下部省略か。

## 《ん》

**んなら**　それでは

語源は古語「さあらば」（そうならば）の約転「さらば」で、人との別れや物事を始めるとき使われた。『平家物語』にも「さらば、暇《いとま》申して」と用例がある。博多では、それによる共通語「それなら」が「そ

んなら」、さらに約転して「んなら、そげんしとくばい」など物事の区切り、スタートに、また親しい仲間うちでは「んなら（またね）」と別れのあいさつに用いられる。

本書を通じ、お近づきになった皆さまに、気易く「んなら」の言葉で結びとする。

# 消滅語Ⅰ

明治三十六年、福岡県教育会福岡市教育支会編刊『福岡市方言調査書』に当時の常用語として収録されているが、のち消滅。
＊〔　〕内の注記、追記は筆者

**おいどんたち**　私たち〔古語「おのれ（自分）ども たち」の転。この場合の「どん」は「殿」が転じた敬語ではない〕
**おおぞやか**　おうようにある
**おぞむ**　目覚める
**ごうごと**　さっさと
**しろほう**　ちり紙〔白ほごから〕
**たけんぼつ**　竹の筒
**ちっぽしい**　小さい
**てい**　「ばい」と同義語〔古語「て」から〕
**といしみ**　灯心
**とかきり**　トカゲ
**にくみ**　にきび
**のって**　だから〔「によって」の転〕
**ひかちこうける**　ひからびる
**ひょうひょう**　筒袖の仕事着
**ぶとう**　無骨、質朴
**ぼうこ**　棒
**むちゅうてんがん**　夢中、有頂天〔語義にある二つの言葉を合わせたといわれる〕
**むてんぱち**　無法、無鉄砲〔「無手」（素手）に「捨てばち」、「やけっぱり」などの語尾が付いたとされる〕
**むんで、むんでい**　無駄〔博多好みの撥音便から〕

# 消滅語 Ⅱ

昭和四十五年、波多江五兵衛著、博多を語る会刊『博多ことば』による。同会は明治十五～二十四年生まれの長老を中心に会員十人。昭和二十六年発足、語り部役を果たし、昭和五十年すぎ解散。

＊〔 〕内の注記、追記は筆者

## あ行

**あいさらう**　あしらう
**あきおとり**　以前より悪い
**あくとうとる**　相手の悪口
**あくねしぼる**　困却する
**あばんす**　引き締まらない
**あまかじょう**　甘い者、ばか〔わざと敬称を付けた〕
**あまさかまき**　善を悪にする
**あまちょこ**　甘言
**あまばおり**　道中着〔雨羽織〕
**あまりはちこく**　満ち足りる〔余り八石〕
**ありこのありたち**　あったらあるきり
**あんこうざる**　骨折り損
**いげふむ**　挫折する〔イゲ（トゲ）を踏むの意〕
**いだいりゅう**　居続け〔居滞留〕
**いもがふえとる**　仕方がないこと〔芋がふえすぎる意か〕
**いようじん**　変わりもの〔異様人か〕
**いわてがみ**　美濃紙〔岩手は東北地方南部、美濃は岐阜地方東部だが…〕
**うさんきゅう**　不審な〔うさん臭いの約転か〕
**うそうそ**　たそがれどき
**うっぷろい**　散らし髪〔まげをとき打ち広げた意か〕
**うぼうぼ**　やわらかい
**うんかんのすんかん**　愚か者
**うんきゅう**　カブトガニ

**うんだくえ**　高ぶる
**えいばうつ**　交際する
**えどすかす**　もらいどくで逃げる
**えんば**　トンボ〔古語そのもの〕
**おげ**　詐欺
**おじひそうひ**　総じまい
**おだちもん**　上気した者
**おちょうなる**　身分不相応
**おふたぼう**　甲乙なし
**おべこ**　卑怯
**おめんてい**　平気〔面体に変わりないことからか〕
**おやごし**　親族〔両親への敬称「親ご」の「衆」からだろう〕
**おんがもんなし**　骨折り損〔「おのれ（おれ）が物《もん》なし」の約転〕
**おんにゃろ**　気がきかない〔得意の擬態語〕

## か行

**かかりくち**　かけひき〔「くち」は「やりくち」、「てぐち」のそれか〕
**かじやくんち**　十一月八日〔鍛治屋さんたちが供日《くにち》（祭り）を催し、骨休めした〕
**かたまいだれ**　着くずれ〔片前垂れ。和服姿で作業するとき、男女とも前垂れをした。それが「片」（ふぞろい）というところから〕
**かっちゅう**　モズ〔この鳥はカチカチと鳴くとされた〕
**からばたらき**　骨折り損〔空働き〕
**きじかくれ**　姿を隠す〔キジは巧みに草むらに隠れる〕
**きじまびったり**　口ほどにない
**きのくすり**　気晴らし〔気の薬〕
**きんこんもんこん**　音信がない

**きんたん**　きぬた〔明治の夜、主婦たちは糊《のり》づけした洗濯物を木株に載せ、木づちでたたいた。木綿の織り目も衣服の折り目も締まる。ことわざに「きんたんのきいとらんとは女《おなご》の恥」〕

**ぐじゃかたまり**　群れ集まること〔ぐじゃぐじゃ集まり固まる〕

**くそりきみ**　背のびした態度〔くそ力み〕

**げどうばらい**　厄介ばらい〔道を踏み外した「外道《げどう》」を払い除く〕

**げんてん**　ひとくせある者〔現在は撥音便が促音便に転じ「げってん」〕

**けんとうとる**　縁起を担ぐ〔前途の運、不運に「見当とる」〕

**ごうすごうす**　差し引きなし

**ごうな**　大きな〔「豪な」か〕

**ごうはらまく**　やけくそ〔非常に腹が立つ、怒りに耐え難いことを「業腹《ごうはら》」と言う。それを「まく」というのが博多的〕

**ごがついり**　四月末日〔五月入り〕

**ござもそろわんのいて**　柄にもないくせに〔茣蓙《ござ》も揃わずにおいて。茣蓙は畳の上敷き〕

## さ行

**さいまぎる**　いい加減〔「さ」は接頭語。何につけ、まぎらわしいので〕

**ざっくざらり**　ざっくばらん

**さっさぼうき**　不始末〔あまり「さっさ」と「掃木《ほうき》」を使うと、この結果となる〕

**さろさろ**　歩くさま〔そろそろの転〕

**さんたりつったり**　人の知らない利益

**しっぱりままかう**　平気

**じょざばたかり**　柄になく人の上に立つ〔「じょざ」は上座、「はたかり」は威張ること。「びょうびょう犬《いん》（臆病犬）の内ばたかり」のことわざも〕

**しりうまたおし**　役に立たない〔人の尻馬に付くだ

け の見かけ倒し〕

**しりかりくる**　遠足

**しりやる**　あと始末〔「しり」は「帳じり」など、始末〕

**すあみひき**　骨折り損〔素網引き。せっかく網を引いたが獲物なし〕

**すいとり**　お汁粉〔うまいので「吸い取る」〕

**すてくされ**　ならず者〔ふてくされたすえ、そうなってしまう〕

**すりからす**　厚顔〔擦《す》り枯らす。共通語で「すれっからし」〕

**せぎせぎべっとう**　足の踏み場もない〔「せぎ」は狭いことを言う古語にあるが、あと不詳〕

**そうがましい**　騒々しい〔騒動がましいの約転〕

**そかりぼうこ**　酒も甘い物も好む〔「そっくり奉公」の転かとも思われるが〕

**そくりゅうかう**　あと押し〔古語に「そくらをかう」（けしかける、おだてる）がある。その転に違いない〕

**そそろ**　過失〔「そそう」の転〕

**そばえ**　小雨〔「はえ」は中国、四国、九州で南風を呼ぶ。この風が小雨を伴うことからか。「そ」は接頭語〕

**そらいけ**　慌て者〔すぐ「そら行け」と駆け出すので〕

## た行

**だいぐれん**　まっくらやみ〔「ぐれん」（紅蓮）は猛火の炎のたとえだが、紅蓮地獄は八寒地獄の一つ。氷に閉ざされた暗黒世界になぞらえたのか〕

**たちぼうけ**　立ち続け〔古語「ほうく」は近くがにぶる、ぼんやりすること。共通語「待ちぼうけ」のそれ〕

**たもとからたもと**　内緒で〔袂《たもと》から袂にソッと〕

**たんかづく**　自負する〔「たんか」（啖呵）づく。啖

呵は江戸っ子弁のように鋭く歯切れのよい言葉〕
**ぢいっちょう**　全部〔「地一町」。土地を一反、二反でなく一町（約九九アール）そっくりということから〕
**ちうずりだす**　本性を現す
**ちうたくる**　ただ取り
**ちゃくぼく**　横領〔「着服」の転〕
**ちゃわんしばり**　ごちそうなど出して頼む〔茶わん縛り〕
**ちゃわんばちまわす**　陰で運動する〔茶わん鉢回す。豊後地方では現役語〕
**ちょっけいかける**　いたずらを仕掛ける〔「ちょっかい」の転〕
**ちりまきかぜ**　つむじ風〔塵《ちり》巻き風〕
**ちんちろりん**　マツムシ〔鳴き声から〕
**つうつうぐい**　ごま化す
**つぶれ**　井戸水を汲み上げるつるべ〔これはまた博多的な転化〕
**つめおしみ**　思い切りの悪い〔「つめ」は最後の「詰め」か、取るにたらない「爪」か〕
**つらい火のもえる**　赤面する〔恥ずかしいとき、顔がカッカと燃える。「顔が火照《ほて》る」もここから言う〕
**てがいもちかく**　忙しい
**てのこのもち**　見くびる〔手の甲に載せた餅《もち》か〕
**てんしょうむしょう**　深く考えない〔天性《てんしょう》無性か〕
**てんとりぼうとり**　寄ってたかって取る
**どじくりばったり**　あいまい

## な行

**なかいりごのほんふ**　高齢者の多情〔中入り（途中小休止）後の本夫。「夫」は成熟した男子〕
**なくそめくそ**　なまけ者〔「はなくそ」の「は」が脱落したのではあるまいか〕
**なべいたべい**　頼まれごとをしない

**にがったひより**　雨降り〔苦った日より。空も人々も苦々しい〕

**にごうはん**　給料の少ない人〔二合半。一合は一五〇グラム。第二次大戦中、コメの配給は一人当たり一日に二合三勺（三四五グラム）〕

**ぬくたまる**　不正な金もうけ〔ぬくぬくとたまる〕

**ぬっこみそ**　高ぶる

**ぬったりはげたり**　ぬらりくらり〔塗ったり剝《は》げたり〕

**ねこぎあめ**　麦作に悪い雨〔じめじめ降り続いて根株を腐らせ「倒《こ》く」から〕

**ねちみゃく**　執念深い〔「ねちねち」の「ねち」を語幹に「ねちめく」の転か〕

**のぶとうもん**　横着者〔現在では「のふうぞう」が使われる〕

**のりくら**　お稲荷様の代理人〔お稲荷様は農業と商売繁盛に霊験あらたか。「乗り蔵」からか。明治のころ、二月の初午《はつうま》には博多のあちこちにある神社、お堂を急いで回る二十七社参りというのがあったという〕

## は行

**はぜつりぜっく**　八朔《はっさく》節句〔旧暦八月朔日（一日）。このころ稲が実を結ぶ。「田の実」は「頼み」に通じるとして、本年生まれの赤ちゃんの無病息災を祈る行事が昭和初めまで行われた。ササに張子の宝船、弓矢、タイなどを結び床の間に飾り、赤ちゃんの名を書いたうちわ、祝儀かまぼこなど親類知人に贈り自祝した。「ハゼ釣り」は、そのころがシーズンだからか〕

**はっぱへいち**　大暴風のようなふるまい

**はなきれうし**　向こうみず〔鼻切れ牛。鼻綱が切れた牛のようなところから〕

**はなこうしかめる**　大困惑〔「はなこう」は鼻の甲（表面）か〕

**ばらぼうさい**　入り結んでまとまらない〔「ばら」は「ばらばら」からまでは推測してみたが…〕
**ひくよころし**　コンニャクのみそあえ
**ひけいなる**　自分の値打ちを落とす〔「退《ひ》けになる」か〕
**ひしまく**　固まる〔「乾《ひ》て締まる」か〕
**ひとはうちぬき**　正直者〔他人は抜きに自分の信念を守る〕
**ひのおらび**　大声で叫ぶ〔火が付いたようにおらぶ〕
**ひぼかし**　焼き魚
**ひんこつ**　貧乏
**ふくもども**　タイのみそ汁〔フク（フグ）汁もどき。似ているが、そこまではいかないの意〕
**ふごうごう**　不自由な〔不都合の転か〕
**へくだむ**　倒れる〔「へたる」の転か〕
**へこひき**　卑怯者〔「へこ引き」から〕
**へちゃまくれ**　やりそこない
**へばごし**　度胸なし〔「へばり腰」か〕
**ぼうた**　空働き
**ぼく**　悪い結果〔豊後日田地方では失敗、から振りなどしたとき、現在も「ぼくじゃった」と言われる。右記「ぼうた」も「ぼくした」の約転か〕
**ぼさかた**　まかない弁当
**ぼっとせい**　相撲力士の弟子

## ま行

**まいら**　押入れ
**まがのひけん**　らちがあかない
**まっぱち**　まるはだか〔約転か〕
**みしりじゃ**　顔見知りの宴会〔見知り茶。茶会には懐石膳のあと濃茶、薄茶が出る〕
**みちくんだり**　道すがら〔「くだり」は文書記述の一部分を言うことから「その途中」の意となったものか〕
**みみきってきらう**　心底から嫌う〔その者の言うこ

となど耳を切っても聞きたくないほど〕

**みみくそうっぱらう**　さっぱりする〔耳くそ打ち払う。「頭からつののく」は、今も健在〕

**みみしりおさえる**　証拠を固める〔相手の耳、尻を押さえる〕

**むくりこうけなか**　色つやがない〔むくんで香気がない〕

**むこうだい**　四月に獲れるタイ〔このころ結婚シーズン。よく婿方に持参されるからか〕

**むざと**　突如、突然〔古語「むざと」は「不注意に、うっかり」を表す。予告なく、そうされた側の立場から〕

**むてんぱち**　無作法

**むなむしわるい**　気にかかる〔胸虫悪い。胸に住む虫がうごめく。共通語「むなくそ」〕

**むねたかおび**　律儀者〔胸高帯。いかにもその感がある。男女とも和服だった時代背景が浮かぶ〕

**めいすとる**　へつらう〔古語「召《め》す」は「呼び寄せる、招く」の敬語。そこから「寵愛《ちょうあい》する」も言う。今も筑後で「おめーすとる」。日田地方では「めすとる」〕

**めしのくろやき**　役立たず〔飯《めし》の黒焼き〕

**めますおます**　推察する

**もがす**　放屁する〔「もらす」の転〕

**もぐらめん**　ヒョットコのお面〔口がとがったモグラの顔から〕

**もともとする**　きちょうめんな〔「元々とする」からか〕

**ももぐれ**　ふぞろい〔「ももぐる」（いじり回す）の名詞化〕

## や行

**やくない**　知恵づく子供

**やすぼうがみ**　安物

**ゆめのきゅうぞう**　ぼんやり、うっかり者〔現在は

「夢野久作」に集約された〕

**ようばれごし**　意気地なし〔呼ばれ腰。「呼ぶ」には招待するという語義もある。いつも人から呼び付けられたり、ごちそうになるばかりだと人目にそう映ってしまう〕

**よくまっちょ**　欲ばり者

**よっとよっと**　よろめくさま〔よたよたの転〕

**よなかごえ**　調子外れの大声〔夜中声。明治時代、夜中に大声を八丁（八百七十余メートル）先から響かせる「よごいはっちょう」という化け物が出るとされ、そう言われると子供たちは慌てて布団にもぐりこんだという〕

**よりいっぽう**　敵は多勢

## ら行

**らんぽうつけぎ**　マッチ〔蘭法付け木。蘭法はオランダ（和蘭陀）式を言う〕

**りこげ**　金の出し損〔利子も付かない利焦げの意〕

## わ行

**わじかる**　手がかじかむ

**わなすこぎ**　ずるい〔「罠《わな》すごき」の転。「すごく」は長い物を一方の手で持ったまま、一方の手でそれを抜けるよう手前に引くこと。罠は鳥獣を捕るため、長いひもその他で仕掛ける〕

**われな**　たきぎ

**わんのうちへずる**　他人のもうけを減らす〔椀の内へずる（減らす）である〕

## 参考文献

『博多ことば』波多江五兵衛著、博多を語る会、昭和四十五年刊
『福岡市方言調査書』山下房吉・釜瀬新平ら編、福岡県教育会福岡市教育支会、明治三十六年刊
『福岡県内方言集』福岡県教育会本部編、明治三十二年刊原本を昭和四十八年、久留米郷土研究会復刻再刊
『日常語語源辞典』鈴木棠三著、東京堂出版、平成四年刊
『古語辞典』守随憲治・今泉忠義監修、旺文社
『広辞苑』新村出編、岩波書店
『日本国語大辞典』日本大辞典刊行会編、小学館
『国書総目録』岩波書店編集部編、岩波書店

# あとがき

まず、最初に紹介した古民謡歌詞と語句は、共通語で次のようになります。

博多ことばでおかしなものは
一に相すみません、二にまあどうだろう
坊っちゃん、嬢ちゃん、兄さん、姉《ねえ》さん
立派に着飾って、どこへお出かけですか
町角の、角のうどん屋の門口に、ガマが三匹うずくまっていたそうな
おや驚いた、どうしたことだろう
あなたはね、近ごろ、なぜいらっしゃらないの
別に（訳なんか）ないよ
さようならにありがとう
まあ、よかった

「片土居（現博多区土居町）のビードロ（ガラス）屋にあるビードロ徳利は、なんと立派なものだろう」

これまで、博多ことばについて優れた先著はあるものの、極めて惜しまれることに語義、あるいは「標準語」としてそれを残すべきかどうかに主眼が置かれ、用例、語源に関しては記述が余りにも少なく、ただ残念に思うしかありません。そこで、いわば「未開の森」でもあるその領域にまで「うんとうてんとう」、手傷は覚悟のうえ踏み入ってみた次第です。

博多ことばは九州方言の中でも筑肥方言に属し、博多を中心に周辺に広がったといわれます。したがって、書名に掲げる「博多」は太閤秀吉制定の地域（博多川〜御笠川、約一キロ四方）に忠実にと思いつつ、その多くが広義の博多（福岡都市圏）でもあります。

また「消滅語」の規定は、言葉という伝統文化を早々に「死語」とするのを避け、まだまだ年配者の記憶に生きるものは現役語に含めました。小著により博多の年配層が古き良きころをよみがえらせ、あすを担う若い世代や新福岡市民の方々が、いささかでも「博多のこころ」にふれられるものがあるとすれば、筆者として大きな喜びです。

長らくお世話になった多くの方々、そしてお読みいただいた皆さまに厚くお礼申し上げます。

平成十年、美しき五月に

江頭　光

# 新装版発行によせて

本著は平成十（一九九八）年に葦書房から出版し、思いがけない好評をいただきました。
それから十年余。

今日、読み返しますと、亡父江頭光は単なる語り部ではなく、「国学の視点」から博多の行事や言語をとらえ直していたからこそ、今も新鮮だと改めて感じます。
万葉はもとより、柳田国男流フィールドワークの手法を、新聞記者時代の取材に投影し、採録を重ねていたと思います。とはいえ、博多への愛着が、客観取材の枠から溢れ出ていることも明らかです。

現在、福岡市内だけでも、毎年、七万以上の人口が入れ替わっています。新住民の方へ博多ことばの実用例を発信していく必要性は日々増しています。同時に、地元に長く住む方々にとっても、日常会話の語源を確認することは、楽しい寄り道でしょう。さらに、しだいに使われなくなった一部の語彙《ごい》を、記録として存在させる重要性も高いと考えています。

このたび、海鳥社の西俊明氏より、地元にこそ博多ことばを愉快に紹介する本を、とのお話があり、ここに新装版を刊行する運びとなりました。

原文のリズムを損なわないように、一部の表現、項目を削除するにとどめています。それ故、項目によってはニヤリとする解説もあれば、自然に読み進むページもあります。まさしく、がめ煮の味わいです。

博多ことばの語源を探る旅。本著がその一助になれば幸いです。

平成二十三年睦月

著作権者　江頭　洋

**江頭　光**（えがしら・こう）
1925 — 2009年。1948（昭和23）年、國學院大學国文科卒、西日本新聞社入社、福岡都市圏部長、文化部長などを歴任。平成７年、客員編集委員退任。1993（平成５）年、第18回福岡市文化賞（地域史部門）受賞。著書に『ふくおか100年』（清水弘文堂）、『博多川上音二郎』（西日本新聞社）などがある。

博多《はかた》ことば

■

2011年2月17日　第1刷発行

■

著者　江頭　光
発行者　西　俊明
発行所　有限会社海鳥社
〒810-0072 福岡市中央区長浜３丁目１番16号
電話092(771)0132　FAX092(771)2546
http://www.kaichosha-f.co.jp
印刷・製本　大村印刷株式会社
ISBN978-4-87415-807-4
［定価は表紙カバーに表示］